MÈRE AU TRAVAIL RECHERCHE BONHEUR

MÈRE AU TRAVAIL RECHERCHE BONHEUR

Comment, grâce à de nouvelles découvertes en psychologie positive, vous pouvez concilier avec succès travail et vie personnelle.

CATHY L. GREENBERG, Ph.D.
et
BARRETT S. AVIGDOR, J.D.

Éditions du trésor caché

Mère au travail recherche bonheur
Édition originale publiée en anglais par John Wiley & Sons, Inc., Hoboken, NJ, (É.-U.)
sous le titre :
What Happy Working Mothers Know

ÉDITIONS DU TRÉSOR CACHÉ
2-36, rue de Varennes
Gatineau, (Québec) Canada
J8T 0B6
Tél. : 819-561-1024
Téléc. : 819-561-3340
Courriel : editions@tresorcache.com
Site web : www.tresorcache.com

Traduction : Caroline Charland
Infographie : Roseau infographie inc.

Dépôt légal – 2010
Bibliothèque nationale du Québec
Bibliothèque nationale du Canada
Bibliothèque nationale de France

Gouvernement du Québec – Programme de crédit d'impôt pour l'édition de livres – Gestion SODEC

ISBN 978-2-922405-75-0

Imprimé au Canada

Diffusion / distribution :
Canada : Messageries ADP, Longueuil (Québec), (450) 640-1234
Europe : Interforum editis, Contact France : Messageries ADP, Ivry sur Seine : +33 (0)1 49 59 11 56/91
Europe (marchés spéciaux) : WMI Sarl, www.libreentreprise.com

L'amour pour ma condition de femme heureuse et de mère au travail comblée me vient de l'amour de ma vie, ma fille Elisabeth Oriana à qui je dédie le présent livre. Le formidable esprit de joie dans lequel elle choisit de vivre est le reflet ultime de mes choix existentiels.

Cathy L. Greenberg

Je dédie aussi le présent ouvrage à mon mari Alain et à mes deux merveilleux fils Alexander et Harrison. Votre aide et votre amour inconditionnels sont pour moi une source de joie et de courage. À ma mère également, Caryl Srarobin, qui a été mon premier modèle de mère au travail.

Barrett S. Avigdor

Avant-propos

Aider les mères au travail est ma passion et ma profession depuis 30 ans. Directrice générale de l'organisme Working Mother Media, j'ai eu la chance de travailler aux côtés de nombreux hommes et femmes extraordinaires dont la vocation est de faciliter la vie des mères qui travaillent. Cathy Greenberg et Barrett Avigdor sont dévouées à la cause de mères au travail qu'elles aident non seulement à s'accommoder de leur vie, mais à trouver une joie et un bonheur véritables.

Dès notre première conversation, j'ai été gagnée par leur approche scientifique à ce sujet souvent pris à la légère. Le bonheur, après tout, n'est pas quelque chose que nous associons habituellement à la santé ou au rendement d'un travailleur performant. Bon nombre de mères au travail, consumées par des listes interminables de choses à faire, voient le bonheur comme un luxe, en admettant qu'elles s'attardent à cette question. La plupart vous diront qu'elles sont généralement contentes de leur choix d'assumer cette double fonction. Dans l'ensemble, elles adorent leurs enfants et la plupart aiment énormément leur travail. Cependant, ces mêmes femmes vous avoueront que dans la vie de tous les jours elles sont trop stressées et épuisées pour apprécier pleinement leurs enfants ou leur travail. Aussi, le sentiment de culpabilité qui talonne bien des mères au travail anéantit leur moindre petite joie.

Vous comprendrez à la lecture du présent livre que le bonheur est un besoin. Pour donner le meilleur de vous-même au travail et à vos enfants, vous devez faire des choix qui vous procurent du bonheur, en commençant par vous débarrasser de votre sentiment de culpabilité. Cathy et Barrett vous convaincront que votre bonheur est essentiel au bien-être de votre famille et à un rendement optimal au travail. Elles vous montreront aussi comment trouver le bonheur, quelle qu'en soit votre définition.

Les mères qui travaillent ont fait beaucoup de chemin au cours des dernières décennies. Nous avons finalement été reconnues comme une part importante de la population active. Nous avons brisé beaucoup de clichés et de notions préconçues concernant les possibilités et les limites des mères au travail. Ce livre nous élève à un niveau supérieur. Il nous apprend comment nous servir de toute la liberté que nous avons acquise au cours des quatre dernières décennies pour accéder au choix bien personnel d'être heureuses.

Cathy et Barrett ont un message important à transmettre aux mères qui travaillent, à leurs familles et à leurs employeurs. Par leurs idées, elles vous ouvriront les yeux sur un monde plein de possibilités. Elles vous donneront les outils nécessaires pour faire vos propres choix et trouver la joie et le bonheur.

— Carol Evans
Directrice générale de *Working Mother Media*

Préface

Naturellement, nous abordons l'une et l'autre le présent livre avec des expériences de vie différentes, mais nous n'en partageons pas moins la vision de l'importance du bonheur et le désir profond de partager cette notion avec les femmes du monde entier.

Cathy faisait partie du jet-set, voyageant à travers le monde à titre de consultante en affaires internationales et d'accompagnatrice de gestionnaires pour les compagnies de Fortune 500, lorsqu'elle s'est retrouvée au bord du gouffre. Elle fut alors forcée de revoir et de réajuster ses priorités pour ne pas perdre sa famille, son emploi et même la vie. Non seulement c'était la seule femme partenaire recrutée à l'externe par une des plus importantes entreprises du monde, mais c'était la première directrice administrative à avoir fondé un institut de leadership. Cathy a eu la chance de côtoyer de grands mentors et d'être la coauteure de plusieurs livres primés tels *Global Leadership : Next Generation* avec Marshall Goldsmith, *The Future of Leadership* avec Warren Bennis et plus récemment *What Happy Companies Know* et *What Happy Women Know* avec Dan Baker. Elle a aussi le bonheur d'être entourée d'une famille merveilleuse. Ses parents sont décédés, mais elle a une fille et deux frères qui l'aiment beaucoup, ces derniers ayant eux-mêmes des filles. Tous continuent de lui enseigner l'art d'être vraiment heureuse dans ses rôles de femme, de mère et d'accompagnatrice de gestionnaires.

Barrett, quant à elle, a eu une carrière brillante d'avocate internationale. Boursière du programme Fulbright l'ayant menée au Brésil et diplômée de l'école de droit de l'université de Chicago, elle a réussi à combiner ses compétences professionnelles et son amour pour les cultures étrangères et les voyages. Grâce à une bonne éthique de travail et à d'excellents mentors, avec un peu de chance, elle a pu se bâtir une carrière à partir de ses points forts. Malgré tout ce succès, elle a pris la décision peu orthodoxe de déménager de Chicago à Tucson, en Arizona, en 2000, alors que ses deux fils étaient encore très jeunes. Cela lui a permis de se consacrer exclusivement à eux et à sa carrière d'avocate. Elle a aussi appris l'importance d'un réseau formé de proches et d'amis disposés à s'occuper des enfants quand elle était en voyage. Ce déménagement fut sa première grande décision dans le sens de sa quête de bonheur et la meilleure, car elle a pu ainsi consacrer bien plus de temps à ses merveilleux fils, Alexander et Harrison, et à Alain, son mari dévoué. Sans eux, elle n'aurait pas pu être une mère au travail heureuse.

Lorsque nous nous sommes rencontrées un dimanche soir il y a plus de dix ans, lors d'une séance de négociation d'une transaction d'impartition, nous n'avions aucune idée que nous finirions dans la même ville, loin de nos racines, et que notre passion pour ce que nous faisons mènerait à la création de *Mère au travail recherche bonheur*. C'est une véritable joie que de partager nos histoires et celles de bien des femmes comme vous qui entretiennent des rêves et l'espoir de développer leur plein potentiel sur cette terre.

Nous espérons que vous vous joindrez à nous pour apprendre comment la nouvelle science du bonheur peut améliorer votre vie, vous aider à lui donner un sens et à trouver une paix intérieure en qualité de femme et de mère. Nous souhaitons qu'elle vous aide aussi à vous réaliser à la maison comme au travail. Nous serions ravies d'avoir de vos nouvelles. Par conséquent, ne manquez pas de nous faire part de vos idées, de votre passion, de vos commentaires et, plus important encore, de vos joies, en nous écrivant à www.WhatHappyWorkingMothersKnow.com

Joyeusement,
Cathy Greenberg et Barrett Avigdor

Remerciements

Écrire un livre sur le bonheur et les mères au travail ne peut pas se faire sans le récit, le talent et l'appui de nombreuses personnes. Il nous est impossible de vous remercier individuellement, mais nous vous remercions toutes.

Les personnes qui suivent méritent une reconnaissance toute particulière :

- Warren Bennis, Marshall Goldsmith et Noel Tichy ont tous servi de mentors à Cathy et nous ont apporté leur appui moral et intellectuel lorsque nous en avions le plus besoin.

- Joel Stern, Nancy Laben et Mike Brownell ont servi de mentors à Barrett. Grâce à leur appui, à leur enthousiasme pour notre projet et aux occasions qu'ils ont données à Barrett de trouver son équilibre de vie idéal, ils ont rendu possible la conception du présent livre.

- Nous tenons à remercier nos amis Mark Goulston, Relly Nadler et Grace Killelea pour leur enthousiasme pour ce sujet et pour leur énergie qui nous a motivées au cours de l'évolution du présent ouvrage.

- Nos remerciements sincères à Melissa Winter, chef de personnel de l'équipe de Michelle Obama pendant la campagne électorale, et à Christie Hefner qui nous a permis de rencontrer Melissa et Michelle à Chicago.

- Britt van den Berg de la société Philips mérite nos sincères remerciements pour son appui alors que ce projet en était à ses tout débuts.

- Merci à Allison O'Kelly et à Caroline Evans de Mom Corps qui ont si généreusement affiché notre sondage en ligne, ce qui nous a permis de joindre des centaines de femmes. Une mention élogieuse à Angel Johnson, elle-même nouvellement maman, pour avoir mis de l'ordre dans les données finales.

- Merci à Larry E. Smith père, chef de la division de la formation, et aux autres cadres des magasins Walmart de Bentonville, en Arkansas, pour nous avoir donné l'occasion de nous adresser à des groupes d'employés de Walmart.

- Tous nos remerciements à Johanna Dillon et à Bill Lombardo, tous deux de la Bankers Life and Casualty Company. Merci à Johanna, directrice de la formation des cadres, qui nous a aidées à créer l'exercice sur «La volonté d'être heureuse», et à Bill, directeur principal du Bankers Learning Network, pour son aide.

- Lauren Lynch, notre merveilleuse éditrice de John Wiley & Sons a cru en notre idée qui, sans elle, n'aurait jamais vu le jour. Merci aussi à Peter Knapp et à Kate Lindsay.

- Nous remercions Susan J. Marks pour nous avoir aidées à organiser nos nombreuses idées en neuf chapitres cohérents.

- Mike Drew, notre consultant et promoteur de ce livre mérite nos chaleureux remerciements pour sa patience tout au long de ce projet.

- Vous toutes, très chères femmes remarquablement accomplies dont l'histoire figure dans ce livre, nous vous remercions pour votre temps, votre confiance et votre optimisme exceptionnel.

- Merci à toutes ces formidables entreprises qui nous ont gracieusement apporté leur appui et nous ont permis de parler à leurs employées heureuses.

- Enfin et surtout, merci aux centaines de femmes qui ont participé à nos groupes de discussion et nous ont accordé une entrevue. Votre franchise, votre sens de l'humour, votre humilité et votre force ont été pour nous une source d'inspiration. Nous remercions tout spécialement les femmes qui ont pris part à nos groupes de discussion dans les centres de distribution Walmart. Nous espérons que vous vous reconnaîtrez parmi les citations et les mots pleins de sagesse contenus dans le présent ouvrage.

Introduction

La fonction de mère est la plus satisfaisante et la plus puissante qu'une femme puisse jamais remplir. Nous les mères, nous formons la vie de nos enfants et de nos familles, et en prenons soin. Les pères jouent certes un rôle important, mais en tant que «directrices générales» de nos familles, c'est nous qui donnons le ton comme c'est le cas de tout dirigeant dans le monde des affaires. Or nos sentiments influent sur ceux de nos familles.

Pouvoir regarder grandir nos enfants et en prendre soin est pour nous une grande source de joie et de nombreux moments de bonheur. Des enfants en bonne santé, un emploi gratifiant, une famille, un mari ou un conjoint et des amis aimants ont tous leur place dans une vie heureuse. Il est vrai que le bonheur profond durable dépasse la gratitude et l'absence de souffrance. Le bonheur est une vue du monde. Il se manifeste lorsqu'on mène une vie en accord avec ses valeurs, lorsqu'on pardonne à soi-même et aux autres, et lorsqu'on trouve de véritables joies dans les détails de la vie de tous les jours.

Le sentiment de joie et d'accomplissement des femmes qui travaillent est parfois assombri par les responsabilités d'un emploi à temps plein ou à temps partiel. C'est à vous de choisir, cependant, d'être stimulée par les exigences de cette double fonction ou de vous laisser anéantir par elles. En prenant en main votre propre bonheur, vous n'en serez que meilleure dans vos rôles de mère, de salariée et de conjointe.

Nous sommes des millions à mener de front jour après jour, dans la joie et avec succès, la maternité, nos responsabilités de mères, et une carrière. Nos enfants heureux et bien adaptés, nos familles unies et nos emplois gratifiants en sont la preuve. Le travail plus la maternité, ce n'est pas une situation gagnant-perdant. Au contraire, l'un enrichit l'autre.

Le sentiment de culpabilité est l'ennemi du bonheur. Nous nous sentons coupables parce que nous pensons que d'avoir un emploi autre que la maternité peut nuire à notre progéniture. Nous nous sentons coupables lorsque nous travaillons moins d'heures que nos collègues sans enfants. La société nous dit qu'en travaillant, nous mettons en danger le bien-être de nos enfants et de notre couple. On nous dit qu'une carrière, ce n'est pas compatible avec un mariage et des enfants heureux. En réalité cependant, ça l'est, car nous avons tout cela.

En saisissant l'abondance dans notre vie, nous pouvons véritablement jouir d'un bonheur qui résiste aux épreuves, que nous soyons employées horaires ou cadres supérieures ou que nous ayons de la difficulté à joindre les deux bouts, et cela, que nous élevions nos enfants seules ou dans la sphère d'une relation privilégiée.

Le bonheur est une force, une énergie qui influence positivement votre vie et celle de vos enfants, votre milieu de travail et votre carrière. Il ne s'agit pas de faire une fixation sur la gratification instantanée ou d'exiger un monde idéal, mais de préparer la voie afin de faire au mieux et d'être la meilleure personne possible pour vous-même, pour votre entourage et pour l'entreprise pour laquelle vous travaillez. Le verre d'une mère qui travaille est vraiment à moitié plein, parfois rempli à ras bord, mais certainement jamais à moitié vide.

Je sais, vous êtes en train de vous dire : « Ouais ! Je serai détendue au point de chanter "Kumbayah" dans une autre vie peut-être, si j'ai de la chance. » Mais avant de vous laisser aller au cynisme, prêtez-vous à l'exercice qui suit pour tester le pouvoir de *votre* bonheur sur votre entourage.

Pensez à un moment très heureux de votre vie, tandis que vous vous sentiez au meilleur de votre forme et remplie de joie. Comment vous comportiez-vous ? Comment parliez-vous à votre entourage et comment vous répondait-on ? Vous aviez probablement l'impression que tout allait comme sur des roulettes et les revers ne vous gênaient pas. Si vous souriiez, on vous répondait par un sourire parce que le bonheur est une force, une énergie positive qui influe sur la vie de tout le monde.

Tout commence par le choix que vous faites d'être heureuse ou non. Chacune d'entre nous peut choisir d'adopter une approche positive face à la vie, de tirer le maximum de ce qu'elle possède, de voir tout ce qu'il y a de bon autour d'elle et de jouir de son travail, de sa famille et de sa vie. On peut au contraire opter pour la course contre la montre, l'épuisement, les excuses, le sentiment de culpabilité, l'angoisse, la fatigue extrême, la souffrance et l'apitoiement sur soi-même. Dans ce livre, il est question de triomphe, de moyens d'aider les femmes au travail à regarder au-delà de l'énergie négative qui tourbillonne autour de nous toutes, et d'adopter une façon d'être positive. Il s'agit d'un changement de cap transformateur susceptible de vous permettre d'accéder à une vie pleine de joie.

Dans notre monde actuel qui ne fait pas de sentiment, en particulier dans le domaine des affaires en ces temps économiques difficiles, il est facile de voir le bonheur comme un luxe sans importance, une perte de temps qui nous sape notre énergie et diminue notre rendement. Or la réalité est tout autre. Une approche positive influence positivement les résultats, que ce soit à la table de conseil, dans la salle de classe ou à la maison. En fait, c'est l'absence de bonheur qui coûte cher.

Regardons quelques chiffres :

- Les femmes au travail sont nombreuses. En 2007, la main-d'œuvre aux États-Unis était constituée de près de 25,7 millions de mères ayant des enfants de moins de 18 ans. C'est presque deux fois plus qu'en 1975, selon les estimations du bureau des statistiques de la main-d'œuvre et l'enquête mensuelle sur l'état de la population du bureau de recensement des États-Unis[1].

- Les entreprises américaines perdent plus de 300 milliards de dollars chaque année à cause du stress de leurs employés, comme l'indiquent le taux d'absentéisme, le mouvement d'effectifs, la productivité réduite et les frais médicaux, judiciaires et ceux liés aux assurances, ainsi que les frais d'indemnisation des accidentés du travail. Remis en contexte, cela représente 10 fois le coût de l'ensemble des journées de travail perdues en raison de grèves[2].

- Une grande partie de ce stress, et donc de ce coût, est le résultat d'un manque de productivité des parents au travail qui s'inquiètent de ce que font leurs enfants après l'école, selon une étude effectuée en 2006 dans le cadre du programme Community, Families and Work de l'université de Brandeis et selon Catalyst, un important organisme de recherche consultatif à but non lucratif[3].

- L'épuisement professionnel, plus courant chez les femmes que chez les hommes, coûte annuellement aux employeurs plus de 136 milliards de dollars en perte de productivité liée à la santé, d'après une étude menée en 2007 par l'American College of Occupational and Environmental Medicine, organisme spécialisé en médecine du travail et de l'environnement[4].

Mère au travail recherche bonheur traite des moyens d'être à la fois la meilleure des mamans et la meilleure salariée possible en investissant dans votre propre bonheur. Vous pouvez apprendre à trouver le bonheur, indépendamment de là où vous en êtes dans votre vie, peu importe à quel point vous êtes à bout de nerfs, débordée ou malheureuse. Et même si vous êtes heureuse, vous pouvez apprendre à faire durer ce bonheur, malgré les épreuves. Nous vous indiquerons quelques étapes faciles à suivre, des façons de modifier votre attitude et votre approche, ainsi que des techniques à appliquer pour trouver le bonheur dans votre vie actuelle plutôt que dans la vie que vous souhaiteriez. Ayant trouvé le bonheur, vous serez un meilleur parent, une meilleure épouse, une meilleure employée ou patronne et une meilleure personne, en plus d'avoir une meilleure opinion de vous-même.

Pendant la campagne présidentielle, devenue depuis lors première dame, Michelle Obama s'est adressée en ces termes aux « Women for Obama » à Chicago, dans l'Illinois, le 28 juillet 2008 :

> « [...] Il peut sembler aux parents qui recherchent un équilibre entre le travail et leurs enfants, et peut-être même leurs propres parents vieillissants, que le rêve américain leur file entre les doigts. Au cours de cette campagne, j'ai eu la chance de discuter avec énormément de femmes de tous les coins du pays. J'ai parlé à des mères qui luttent pour joindre les deux bouts parce que leurs salaires ne suivent pas la hausse des prix de la nourriture et de l'essence. Je me suis entretenue avec des mères angoissées à l'idée de devoir prendre congé pour s'occuper d'un enfant malade et avec des mamans en attente qui craignent de perdre leur emploi si leur patron s'aperçoit qu'elles sont enceintes [...] Il (le livret *Women for Obama*) vise à aider les femmes à réclamer leur droit aux rêves qu'elles entretiennent pour elles-mêmes et pour leurs familles. Il s'agit de leur tendre la main, et non pas de leur donner la charité [...] »

Vous ne trouverez pas dans *Mère au travail recherche bonheur* de propos techniques ambigus, de phrases compliquées, de jargon incompréhensible ou de scénarios irréalistes, mais des histoires concernant de vraies personnes, de vraies expériences, de vraies mamans, de vrais emplois, de vrais milieux de travail, de vrais problèmes, de vraies questions, de vraies solutions et aussi le véritable bonheur. Nous aborderons également la question de la science du bonheur qui n'est pas un état fabriqué ou le fruit d'une chimère, mais bien le résultat de faits scientifiques.

Parmi les quelque 1000 femmes que nous avons interviewées dans le cadre du présent livre, la grande majorité s'entend pour dire que le fait d'être mère est un atout pour leur emploi. La maternité, après tout, est une excellente formation en leadership. À titre de directrices générales de leurs familles, les mères donnent le ton, établissent les règles et font tout en leur pouvoir pour aider chacun des membres de la famille à réussir. Toutes ces mères au travail nous racontent comment elles gèrent leurs familles, s'organisent, triomphent et ont trouvé le bonheur, souvent au mépris d'ennuis en apparence insurmontables, de difficultés énormes et de situations apparemment sans issue. Nous parlons aussi à leurs enfants qui réfutent d'emblée le mythe selon lequel ils seraient en quelque sorte lésés parce que leurs mamans travaillent.

Nous vous montrerons aussi comment canaliser votre énergie pour trouver et créer de la joie dans votre vie en oubliant tout sentiment de culpabilité, car celui-ci constitue un obstacle à votre bonheur de mère au travail. Peu importe ce qui vous tombe dessus, pensez à la joie que vous procure le beau sourire de votre fille ou la satisfaction que vous tirez de la réussite d'un projet ou d'un « bravo » de la part de votre patron. C'est certain, c'est la poisse de devoir traîner votre fils à son entraînement de baseball, beau temps mauvais temps, mais son air réjoui lorsqu'il marque un but en vaut bien la peine. Ces petits moments de bonheur, ces petites joies et ces petits triomphes que nous perdons parfois de vue constituent notre vie. Nous vous montrerons comment trouver la joie et la beauté dans votre vie actuelle, plutôt que de souhaiter que les choses soient autrement.

Les mères au travail sont d'abord et avant tout des mamans. Presque 81 pour cent des mères voient la maternité comme leur première fonction, selon « The Motherhood Study: Fresh Insights on Mothers' Attitudes and Concerns », une étude menée en 2005 par l'Institute for American Values[5].

Dans *Mère au travail recherche bonheur,* nous discuterons de la science à l'origine de la raison pour laquelle le bonheur stimule notre bilan personnel et professionnel. Nous parlerons à des experts du pouvoir de la psychologie positive et vous aiderons à reconnaître combien le fait de focaliser sur ce que votre vie a de bon plutôt que sur ce qu'elle a de travers peut transformer votre vie, votre emploi et votre famille.

D'autres l'ont fait, et vous le pouvez aussi. Voici quelques exemples de personnes qui nous ont fait part de leur histoire :

- **Kim Martin,** présidente-directrice générale de la chaîne de télévision We TV et mère de deux enfants. Malgré un patron qui a cherché à la décourager de convoiter le poste le plus haut placé du réseau et en dépit de ses propres doutes, Kim a persisté et triomphé. L'ampleur de sa victoire ? La plus jeune de ses filles veut occuper un jour son poste !

- **Sharon Allen,** mère de deux enfants et directrice de police adjointe à Tucson, en Arizona, Sharon a sacrifié le chemin le plus court à l'avancement de sa carrière afin de consacrer plus de temps à ses enfants. Cela ne l'a pas empêchée d'atteindre ses objectifs. Elle donne le mérite de sa victoire à ses « excellentes aptitudes en gestion de temps [...] Et à aucun moment je n'ai cessé d'être une bonne mère ».

- Bien avant d'habiter la Maison-Blanche, la première dame **Michelle Obama** était une femme de carrière dont le salaire aidait sa famille à rester à flot. Mère elle aussi, Michelle affirme qu'elle n'aurait pas réussi à tout faire sans un système d'aide, en l'occurrence sa propre mère qui l'a aidée à élever ses deux petites filles. « Ma mère nous aide, mes filles et moi, à garder les pieds sur terre », dit-elle.

- **Benita Fitzgerald Mosley** a été la première femme afro-américaine aux États-Unis à remporter la médaille d'or olympique de la course des cent mètres haies. Pourtant, son exploit a presque été passé sous silence par les médias. Au lieu de leur en vouloir, gardant la tête haute, Benita a remis en jeu ce qu'elle avait appris sur le terrain et l'a transformé en une carrière, une expérience de mère et une joie de vivre exceptionnelles. Mère de deux enfants, elle occupe actuellement et depuis longtemps le poste de présidente de l'organisme Women in Cable Telecommunications. Selon elle, il y a des leçons à tirer de toute expérience de vie, et l'expérience va toujours en s'améliorant.

- Mariée à l'âge de 16 ans, **Yolanda** a eu son premier enfant dans l'année qui a suivi. Aujourd'hui, 14 ans et quatre enfants plus tard, elle est toujours heureuse en couple et travaille au même centre de distribution Walmart que son mari et des membres de leur famille élargie. C'est elle qui donne le ton chez elle. « Donner le ton, pour moi, c'est comme changer de chaussures. Au travail, c'est moi la patronne. À la maison, je porte des tongs et je suis décontractée. Quand je mets mes chaussures à talons aiguilles, je peux danser toute la nuit. »

La difficulté pour les mères qui travaillent de trouver le bonheur ne se limite pas aux États-Unis. Chaque culture a son lot de problèmes et de circonstances. En préparation du présent livre, nous avons parlé à plus de 1000 femmes aux États-Unis, au Brésil, en Chine, en Argentine, aux Pays-Bas, en Grande-Bretagne, en France et ailleurs. Nous nous sommes adressées aussi bien à des cadres supérieurs de compagnies mondiales qu'à des cadres intermédiaires et à des conductrices de chariot élévateur à fourche travaillant dans des entrepôts. Chacune de nous gère son travail et sa famille à sa façon, mais les similitudes parmi ces différents groupes de femmes sont étonnantes. Presque toutes, nous aimons notre travail, adorons nos enfants et nous débattons avec des emplois du temps bien remplis et souvent rivaux, de fortes demandes et parfois des situations d'urgence qui semblent toujours nous incomber. Dans les pages qui suivent, nous partageons nos histoires, nos défis et nos souhaits afin de vous motiver et de vous mettre sur votre propre voie du bonheur.

Nous insérerons en cours de route des exercices faciles que nous appellerons « Pauses d'autoaccompagnement » et d'autres, plus longs, à la fin de chacun des chapitres, intitulés « Bilan ». Grâce à ces exercices et autres outils, vous apprendrez comment appliquer les concepts présentés dans ce livre. Notre objectif est de vous donner les moyens nécessaires à la mise à contribution de tout votre cerveau, de vous conscientiser et de vous apprendre à vous acquitter de vos tâches le mieux possible, tous les jours.

Vous pourrez aussi lire dans *Mère au travail recherche bonheur* les histoires personnelles de mères qui ont réussi à surmonter leurs épreuves, « L'histoire d'une mère » et « Véritablement heureuse », qui vous aideront à mieux saisir le potentiel de bonheur. Les enfants de ces femmes racontent eux aussi leur expérience. Grâce à ces différents récits, vous comprendrez mieux la personne que vous êtes, vos besoins, comment vous fonctionnez, et vous découvrirez la voie du bonheur.

Dans certains cas, nous avons utilisé le véritable nom des mères, dans d'autres, nous avons employé des pseudonymes ou combiné le récit de différentes femmes afin de respecter leur confidentialité et celle de leurs enfants.

Ce livre est un premier pas en direction du véritable bonheur. Et ce bonheur peut être votre réalité.

Nous les coauteures, Cathy L. Greenberg, Ph.D., et Barrett S. Avigdor, J.D,. vous servirons de guides dans votre quête du bonheur. Nous sommes toutes deux accompagnatrices accréditées en développement personnel et professionnel et ensemble, nous avons plus de 50 ans d'expérience dans de nombreux domaines du monde des affaires. Nous sommes expertes dans l'art de conjuguer la science du bonheur et l'application pratique d'un bon accompagnement. Ce livre est votre accompagnateur personnel ; il vous guidera dans votre quête du bonheur. Au-delà d'une conscientisation essentielle, il vous donnera l'information et les techniques nécessaires pour être la meilleure mère au travail qui soit, au travail comme à la maison.

Nous étreignons le rêve d'aider les femmes à trouver le bonheur et à reprendre en main leur vie de mères, de femmes et de professionnelles, peu importe la nature de leur travail, leur niveau de revenus ou leurs difficultés personnelles. Que vous soyez cuisinière de casse-croûte ou cadre supérieure d'une société listée dans la revue *Fortune Global 500,* vous n'en êtes pas moins l'administratrice générale de votre vie. Une des raisons pour lesquelles nous avons écrit cet ouvrage, c'est pour aider les mères au travail qui n'ont ni le temps ni l'argent de suivre un cours de développement personnel ou professionnel dont elles auraient besoin. Que vous soyez limitée en temps ou en moyens, nous espérons pouvoir vous aider, vous et les femmes de partout, mais aussi les personnes qui vous aiment ou qui aiment travailler à vos côtés, à atteindre votre plein potentiel. Avant de trouver l'aide nécessaire à une efficacité optimale au travail et à la maison, nous devons sensibiliser notre entourage à l'importance de notre bonheur en général et à ses répercussions sur notre capacité de donner le meilleur de nous-mêmes au travail et à la maison.

En qualité de mère, vous avez la responsabilité d'aider aussi votre famille à trouver le succès. Cependant, cela n'est possible que si vous savez ce qu'il vous faut pour réussir vous-même. Vous trouverez dans *Mère au travail recherche bonheur* les outils nécessaires et des histoires qui vous motiveront.

Nous espérons que ce livre vous permettra de vous prendre en main et de trouver votre propre bonheur, car cela est *vraiment* essentiel.

Chapitre 1

Le bonheur n'est pas un luxe, mais une nécessité

Être mère est l'emploi le plus dur qui soit. Il est plus facile d'être médecin que mère. La maternité est un travail à vie qui occupe 24 heures sur 24, 365 jours par année.

— Victoria, médecin et mère de trois enfants

À titre de mère qui travaille, j'affirme que peu importe votre situation, vous pouvez accéder au bonheur, si vous le désirez. Tout le monde a besoin de bonheur, et nous avons toutes les moyens et la capacité de l'atteindre. Ce n'est pas un luxe réservé uniquement aux femmes qui en ont les moyens et qui disposent de temps et de beaucoup d'aide.

Le bonheur est une responsabilité et un choix propres à chacune d'entre nous. C'est un cadeau qui, au lieu de venir de quelqu'un d'autre, vient de notre for intérieur. En tant que mères au travail, nous nous devons d'être heureuses, pour nous-mêmes, pour nos familles et pour nos emplois. Le bonheur, après tout, nous aide à nous dépasser dans tout ce que nous entreprenons. Des études scientifiques effectuées sur le milieu de travail et le comportement le démontrent bien. Les femmes au travail heureuses le prouvent jour après jour.

Être heureuse ne signifie pas rester assise à rire bêtement toute la journée ou chanter des chansons gaillardes. Le bonheur dont il est question, c'est celui qui vous permet de jouir de votre état de femme épanouie, en tant que mère, amoureuse, épouse, collègue, patronne ou tout cela à la fois.

Prendre une pilule ou lire un livre ne rend pas soudainement heureux. Le bonheur n'est pas non plus un état passager. Le bonheur commence par la façon dont on se voit soi-même et dont on voit sa famille, son travail et sa vie de tous les jours. C'est un choix positif que chacune d'entre nous peut faire au quotidien, peu importe sa situation, et qui influe positivement sur notre rendement en tant que maman, collègue et épouse ou partenaire.

Conseil en matière de bonheur : apprenez à vous aimer autant que vous aimez vos amis et vos proches.

Votre état d'âme influe sur votre entourage. Si vous en doutez, essayez ceci. Un jour, affichez une humeur excellente. Souriez, offrez votre aide, soyez gaie. Allez-y carrément, mais en restant crédible. Observez la réaction des gens. Selon toute probabilité, on vous posera des questions ou l'on voudra vous faire part d'idées. Puis, essayez le contraire. Affichez une humeur bougonne. Prenez un air endurci et adoptez un langage corporel qui dise « Laissez-moi tranquille ! » Comparez les réactions suscitées et vous verrez les effets de votre humeur sur les autres et sur leur façon d'interagir avec vous.

L'histoire d'une mère

Beth, mère de trois enfants, travaille dans un centre de distribution Walmart du Midwest. Elle aime son travail, et l'atmosphère chez elle est détendue et heureuse, mais cela n'a pas toujours été le cas. Aux dires de Beth, lorsqu'elle travaillait pour le maintien de l'ordre à titre de gardienne de prison, elle était méchante et négative, et sa négativité déteignait sur sa famille.

Vous méritez d'être heureuse

Toute mère qui travaille a le droit d'être heureuse au quotidien. Nous pouvons et devrions toutes nous attendre à jouir de la vie, de notre carrière, de nos relations et de nos enfants. Que nous travaillions par souci financier, par besoin d'épanouissement ou les deux, nous avons toutes le choix entre nous sentir gratifiées grâce à un bon équilibre travail-famille ou nous laisser happer par la course contre la montre. Le stress et les pressions de la vie quotidienne, qu'il s'agisse de questions financières, de problèmes liés au lieu de travail, des exigences des enfants, des tâches familiales ou des responsabilités du ménage augmentent notre besoin d'être heureuses. Or tous ces éléments peuvent mettre des bâtons dans les roues de notre bonheur, si nous choisissons de les laisser faire.

Près de sept mères qui travaillent sur dix se disent convaincues qu'elles peuvent « tout avoir », la maternité et une carrière réussie, selon une étude effectuée en 2007 par Accenture (NYSE: ACN), organisme mondial de conseil en gestion, de services technologiques et d'impartition[1]. Toujours d'après ce sondage en ligne effectué auprès de 700 mères occupant des postes de gestionnaires de niveau intermédiaire ou supérieur :

- Près de 90 pour cent des mères au travail aiment travailler et souhaiteraient conserver leur emploi si rien ne les empêchait de travailler à plein temps, à temps partiel ou selon un arrangement flexible.

- Plus de 74 pour cent des mères qui travaillent se disent dans l'ensemble « satisfaites » de l'équilibre entre leur travail et leur vie personnelle.

Concilier le travail et la vie personnelle n'est pas toujours chose facile. Dans la plupart des cas, pour trouver le bon équilibre et atteindre le bonheur, il suffit d'ajuster sa façon de penser et de modifier certains comportements. Voyons cela de plus près.

Qu'est-ce que le bonheur?

Selon Aristote (384-322 av. J.-C.), le bonheur, c'est le sens, la raison d'être de la vie, l'objectif, la fin ultime de l'homme.

La définition du bonheur varie d'une personne à une autre. D'après le psychologue Tal Ben-Shahar, Ph.D., auteur du livre intitulé *L'apprentissage du bonheur, Principes, préceptes et rituels pour être heureux* (traduit de l'anglais *Happier: Learn the Secrets to Daily Joy and Lasting Fulfillment*) et professeur d'un cours de psychologie positive extrêmement populaire sur le bonheur qu'il donne à l'université de Harvard, le bonheur, c'est « une expérience générale de plaisir et de sens ».

Le bonheur, tel que nous l'avons défini dans *Mère au travail recherche bonheur*, c'est le fait de vivre une vie en accord avec ses valeurs et de savoir trouver la joie dans des choses élémentaires. La joie, ce peut être aussi simple que le sourire de votre enfant ou le fait d'aider un vieux monsieur à traverser la rue, ou au contraire aussi complexe que de conclure une affaire au travail ou d'obtenir une promotion. Tous ces exemples sont valables et procurent un sentiment fugace de satisfaction. Le bonheur cependant, tel que nous le définissons, est un état d'esprit durable. Examinons ce qui motive réellement les mères qui travaillent à choisir de mener une vie heureuse à long terme, et comment vous pouvez vous aussi apprendre à vivre ainsi.

Vues sur le bonheur

Chacune de nous a sa propre définition du bonheur. Voici la réponse d'un groupe de mères d'enfants âgés de huit mois à vingt-trois ans à la question « Que représente pour vous le bonheur ? » :

- **« La flexibilité et l'équilibre »,** répond Lisa qui travaille à temps partiel depuis chez elle et qui a deux enfants d'âge adulte de 23 et 21 ans.

- **«Servir d'exemple. Montrer que des familles peuvent sortir des sentiers battus et être quand même heureuses»,** dit Zoe, mère de deux enfants de 7 et 11 ans.
- **«Réussir à la maison comme au travail»,** dit Reveka, mère d'un enfant de neuf ans.
- **«S'épanouir en tant que mère, collègue et conjointe, mais aussi sur le plan personnel»,** répond Maria, mère de deux adolescents de 15 et 13 ans.
- **«Savoir que mes proches peuvent tirer profit de ma performance, et surtout pouvoir montrer à ma fille comment travailler en équipe»,** dit Elizabeth, mère d'une enfant de huit mois.
- **«Pouvoir abdiquer une part du contrôle et ne pas avoir à tout faire!»,** dit Margie, mère de deux adolescents de 16 et 17 ans.
- **«Quand, après une bonne journée, tout le monde participe aux tâches en équipe. Ce moment précis»,** répond Sierra, également mère de deux adolescents.
- **«Pour moi, il n'y a rien comme la recherche de soi. Le bonheur, c'est d'être satisfait»,** dit Susan, mère de quatre enfants d'âge adulte.

Un état de vie

Le véritable bonheur est un état de vie, une approche fondée sur une énergie positive pour vous et pour votre entourage, à la maison comme au travail. Certains employeurs avant-gardistes reconnaissent déjà que les gens heureux font de meilleurs employés et que cela se reflète sur le bilan, autrement dit que le bonheur est synonyme de profits. Il en est de même des mères qui travaillent. Nous pouvons nous aussi tirer des tas de leçons des salles de conférence et des champs de bataille du monde des affaires, et les mettre au profit de notre propre bonheur.

« Les leçons que l'on tire des salles de conférence, on peut les appliquer chez soi et dans la collectivité, et vice versa », affirme Benita Fitzgerald Mosley, mère de deux enfants, présidente et PDG de l'organisme Women in Cable Telecommunications. « Mais cela se fait sans heurts. On apprend de ses expériences de vie et celles-ci ne font que s'améliorer », d'ajouter cette médaillée d'or en athlétisme des Jeux olympiques de 1984. « J'ai toujours apprécié l'intégration dans ma vie de toutes ces facettes auxquelles je dois mon identité. J'adore être une fille, une mère et une femme de carrière. Je suis mariée depuis 13 ans, j'ai deux enfants et je suis très heureuse d'assumer simultanément les rôles de mère et de cadre supérieure. »

La mentalité d'abondance

Le bonheur est un état de vie dans lequel on se concentre sur les choses positives et sur son entourage, c'est-à-dire sur les choses et les personnes que l'on aime. Comme Benita Mosley, cela signifie adopter la mentalité d'abondance (positive) plutôt que celle de pénurie (négative). Il s'agit de tirer profit de ce qui est bon, plutôt que de ressasser ce qui ne l'est pas. C'est le choix conscient que l'on fait de regarder au-delà de ce qui est imparfait et d'apprendre à être heureux.

Jenny est une mère seule, survivante du cancer, qui en plus de s'occuper de sa mère âgée, est enseignante de sixième année à temps plein. Cela ne l'empêche pas d'adopter tous les matins une approche positive face à la vie. « Mon fils est ma fierté et ma joie, dit-elle. Les élèves ne sont pas toujours faciles, mais j'adore mon travail et si je peux aider si ce n'est un seul d'entre eux à réussir, c'est extrêmement gratifiant. Mes fonctions de mère et d'aide-soignante m'ont aidée à être plus compréhensive et plus sensible aux épreuves auxquelles beaucoup de jeunes sont confrontés. Enseigner, d'autre part, m'a appris à être plus patiente envers mon propre fils et ma mère. »

Le mythe « parfaite »

Pour être heureuse, vous devez commencer par oublier le mythe voulant qu'il faille être parfaite pour connaître le bonheur. Barbie n'est qu'une poupée, pas un modèle de rôle. Debra Barone, épouse et mère séduisante et assurée de l'émission *Everybody Loves Raymond,* qui élève ses enfants (et son mari) tout en étant aux prises avec une belle-famille difficile est une mère imaginaire. Wonder Woman était aussi le fruit de l'imagination de la télévision. Quant à la publicité de la femme qui rentre du travail avec les provisions, met le dîner en route et trouve le temps de faire plaisir à son homme, inutile de vous dire que c'est pure fiction. Lorsqu'on cesse de chercher la perfection basée sur quelque modèle imaginaire, on peut canaliser son énergie vers les choses auxquelles on accorde de l'importance.

Le bonheur, c'est comme la santé. Sans lui, on est peut-être en vie, mais on n'est pas au meilleur de soi-même, que ce soit à la maison ou au travail, et cela est probablement aussi vrai de son entourage. Vous avez le contrôle de votre propre bonheur de la même façon que vous avez le contrôle de votre forme physique. Les personnes heureuses cultivent certaines habitudes et pratiques qui les aident à mener une vie heureuse au travail et à la maison, souvent malgré les épreuves de la vie.

Véritablement heureuse

Si l'on est d'une nature heureuse, on ne reste pas longtemps abattu par les drames inévitables de la vie.

Depuis longtemps mère au travail, maintenant devenue grand-mère au travail, Sue est toujours mariée à l'amour de sa vie (qu'elle a épousé à l'âge de 18 ans). Elle a eu sa part d'épreuves, mais elle est déterminée à être heureuse et voit toujours son verre comme étant à moitié plein.

Cette femme originaire de Philadelphie qui a élevé avec succès ses deux enfants, un garçon et une fille maintenant âgés de vingt ans et quelques, a récemment pris en charge sa petite-fille de trois ans, son fils divorcé et elle ayant demandé et obtenu la garde complète de l'enfant. Sue s'occupe aussi de ses parents âgés. Et elle aime faire tout cela, en plus de travailler à temps plein dans une école privée.

Un des jeunes frères de Sue a succombé à l'hépatite quand il était jeune, et son père ne s'en est jamais remis. La mère de Sue a toujours été au cœur de la famille, tout comme Sue l'est dans la sienne qui est composée de Mitch (entrepreneur prospère), de sa fille Lauren et de son fils Rick, employé des postes.

Sue apprécie les belles choses, tout comme ses enfants à qui elle s'est efforcée d'inculquer de bonnes valeurs morales.

Toute sa vie, Sue a eu des problèmes de poids. À 45 ans, elle a subi un pontage gastrique qui a failli lui coûter la vie. Aujourd'hui, toutefois, elle est en quelque sorte une figure de proue en matière de perte de poids, tandis qu'elle lutte simultanément contre le diabète.

Malgré ces épreuves, Sue ne se décourage jamais et recherche toujours le côté positif des choses. Elle adore son titre de « grand-mère au travail » et pourrait bien élever les enfants de sa petite-fille Bella, si elle en a l'occasion. Sue aide aussi sa fille Lauren en l'engageant à l'école lorsque celle-ci se cherche un autre emploi. Malgré son emploi du temps chargé, Sue se ménage un jour par semaine pour elle-même.

Sue est un exemple de mère accomplie. Elle est également heureuse, et c'est ce qui compte le plus.

Votre propre notion de la « perfection »

En tant qu'être humain, chacun de nous établit les paramètres de son propre bonheur. ***Le bonheur, c'est*** « la réalisation de soi, le sentiment de satisfaction devant ses résultats, l'atteinte de ses objectifs financiers, émotionnels et professionnels », dit Kathy, épouse et mère de deux enfants qui habite Shanghai, en Chine.

Le bonheur est « essentiel à chacun de nous. C'est la raison pour laquelle on se lève le matin. Il est ridicule d'affirmer qu'on n'a pas le temps d'être heureux », dit Julie, CPA de Tucson, en Arizona et mère de deux adolescents de 14 et 17 ans.

Le bonheur, c'est « faire ce qu'il faut pour soi afin d'être en bonne santé, en bonne forme physique et éveillée mentalement. Faire le nécessaire pour sa famille et pour la société », dit Nancy Laben, avocate générale adjointe de 46 ans basée à Chicago au service de l'entreprise Accenture et mère de deux adolescents de 16 et 14 ans. « Je vois ça comme des cercles concentriques dont je suis le plus petit, celui du centre. Qu'est-ce qui me rend heureuse ? Faire plaisir à ma fille et voir sa mine réjouie. Le bénévolat me procure de la joie. Prendre le temps de penser à la signification de la vie me procure de la joie. Le bonheur est composé de gouttes de temps », ajoute-t-elle.

Le bonheur, c'est « un sens du possible », dit Robin, âgée de 44 ans, mère de trois enfants de 10, 12 et 14 ans et directrice administrative d'un organisme sans but lucratif. « C'est sentir que les choses sont possibles. On se sent dynamique. On veut transmettre ce sentiment. »

Même si ces femmes se trouvent dans des situations très différentes du point de vue géographique, financier et personnel, elles ont en commun le but d'être heureuses et ont compris ce que nécessite cet objectif. Elles savent ce qu'elles veulent, ce qui compte, et elles ont choisi de poursuivre ce choix.

Le fondement de votre bonheur

Posez-vous les questions suivantes et répondez-y honnêtement :

- Ai-je les bases nécessaires à mon propre bonheur ?

- Mon entourage seconde-t-il mon bonheur ?
  - Les membres de ma famille et mes relations secondent-ils mon bonheur ?
  - Mes collègues de travail secondent-ils mon bonheur ?
  - Mes amis secondent-ils mon bonheur ?

- Si la réponse à l'une de ces questions est « non », avez-vous dit à ces personnes ce que vous voulez qu'elles fassent ou au contraire cessent de faire afin de seconder votre bonheur ?
  - Dans la négative, pour quelle raison ?
  - Dans l'affirmative, pourquoi n'ont-elles pas obtempéré ?

- De quel autre type d'aide aurais-je besoin pour être heureuse ?
  - S'agit-il de choses, de personnes, de temps, d'énergie, d'argent ou d'autre chose ?
  - Comment puis-je me les procurer si ces éléments ne sont pas déjà en ma possession ?
  - Est-ce que je peux y arriver seule, ou ai-je besoin d'aide ?
  - Cette aide se mesure-t-elle en temps, en énergie ou en argent ?

- Quelles sont les prochaines mesures que je dois prendre pour assurer de bonnes bases à mon bonheur ?

Souhaits, besoins et amélioration de soi

Les mères qui travaillent adorent ce qu'elles font, que le bonheur soit pour elles une préoccupation ou non. En fait, 78 pour cent d'entre elles se disent « comblées », selon le sondage *What Moms Want*[2] effectué par Working Mother Media (www.workingmother.com), éditeur de la revue *Working Mother*. D'après cette revue, l'équilibre est un gros défi « que les mamans relèvent cependant avec succès, certes non sans beaucoup de difficulté et de stress, mais d'après notre sondage, sans AUCUNE intention de renoncer ».

L'ambition compte beaucoup pour les mamans qui travaillent. D'après le même sondage, 62 pour cent des femmes se décrivent comment étant « très ambitieuses ».

Pause d'autoaccompagnement : ce qui compte pour vous

(Argent, temps et énergie)

Les gens heureux aménagent leur temps en fonction de leurs valeurs. L'exercice qui suit vous aidera à évaluer l'alignement de votre temps sur vos valeurs.

- Dressez une liste des principales valeurs que vous accordez à la vie. (Reportez-vous à la figure 1.1A.)
- Listez chacune séparément.
- Sélectionnez les cinq premières en vue d'une mise au point et d'une analyse immédiates.
- Classez-les par ordre d'importance.
- Indiquez le pourcentage de l'argent que vous dépensez pour chacune de ces valeurs, 100 pour cent représentant l'ensemble de vos ressources.
- Calculez le nombre de minutes ou d'heures que vous consacrez chaque semaine à chacune d'entre elles, puis indiquez le résultat dans le tableau sous forme d'un pourcentage basé sur une semaine normale de travail.

- Indiquez par (+) ou par (-) la quantité d'énergie positive ou négative que vous investissez dans ces valeurs (en fonction du sentiment qu'elles vous procurent).
- Servez-vous du modèle pour inscrire vos réponses et manifester votre prise de conscience.

FIGURE 1.1A Ce qui compte pour vous

Valeurs (par ordre d'importance avant de faire cet exercice)	*Pourcentage d'argent dépensé pour chacune chaque semaine*	*Pourcentage d'heures et de minutes passées sur chacune en vous basant sur une semaine de travail*	*Quantité d'énergie positive (+) ou négative (-) dépensée*	*Reclasser par ordre d'importance à la fin de cet exercice*

- Quand vous aurez terminé, vous devriez avoir en main le compte rendu de l'argent, du temps et de l'énergie que vous accordez à vos valeurs. (Reportez-vous à la figure 1.1B.) Si ces données ne s'alignent pas, pensez aux moyens que vous pouvez prendre pour remédier à la situation, et reclassez vos valeurs au besoin.

FIGURE 1.1B

Ce qui compte pour moi	*Argent*	*Temps*	*Énergie*
• Élever des enfants sains et équilibrés	33 %	15 heures de conduite pour les enfants	négative (-)
• Exercer un emploi intéressant/utile	5 %	60 heures	positive (+)
• Épargner en vue de la retraite et d'une perte d'emploi	33 %	15 minutes	négative (-)
• Loisirs (exercice, cinéma)	20 %	5 heures d'exercice	positive (+)
• Entretenir mes relations	5 %	2 heures	positive (+)
• Contribuer à la collectivité	1 %	0 heure	négative (-)
• Autre	3 %	5-10 heures	positive (+)

Formation en cours d'emploi

En tant que PDG et gestionnaires de leurs familles, les mères donnent le ton et fixent les objectifs de leurs familles tout comme dans le milieu de travail, le PDG donne le ton et fixe les objectifs de l'entreprise. Les mères qui travaillent ont de l'ambition et cela n'est pas surprenant étant donné que la maternité les prépare bien aux épreuves et aux défis du milieu de travail, en plus d'accroître leur efficacité. « Forte de l'expérience d'être totalement responsable, on s'aperçoit de ses compétences », affirme Dee Dee Myers, mère de deux enfants, ex-secrétaire de presse à la Maison-Blanche de l'ancien président Bill Clinton (et première femme à occuper ce poste), analyste et commentatrice politique, collaboratrice à la rédaction de *Vanity Fair* et auteure de *Why Women Should Rule the World* (www.deedeemyers.org).

« À titre de mères, nous possédons une expérience et des renseignements stimulants, ajoute Mme Myers. Nous devons faire comprendre aux femmes que même dans le cadre du travail, elles peuvent diriger. Quand on est mère, on apprend aussi à faire davantage confiance à son intuition. L'intuition est bien réelle et constitue un outil précieux. Il faut se fier à cette voix. Nous n'avons pas à nous en défendre. »

AINSI PROGRAMMÉES

Nous n'avons pas toujours été programmées pour reconnaître notre pouvoir et nos forces en tant que femmes. Nous sommes souvent élevées de façon à faire passer le bonheur des autres avant le nôtre, de faire plaisir à notre entourage avant de nous faire plaisir à nous-mêmes. La société ne fait pas grand-chose pour nous en dissuader ou pour aider les femmes qui travaillent à concilier le travail et la famille. Cette même société, partout dans le monde, à différents degrés, désapprouve des mamans qui travaillent. À l'exception de quelques entreprises très en vue, le monde des affaires ne leur rend pas vraiment la tâche plus facile.

Heather, mère de trois enfants âgés de 7, 11 et 14 ans et sénatrice de surcroît, est aujourd'hui une mère heureuse au travail, mais cela n'a pas toujours été le cas. Pendant six ans, elle a volontairement donné la préséance au bonheur de sa famille, choisissant de rester chez elle à plein temps avec ses enfants. Bien qu'ayant adoré s'occuper d'eux, Heather rêvait de contribuer autrement au monde. Dès que le cadet de la famille a atteint l'âge scolaire, Heather a senti que l'heure était venue de retourner au travail à temps plein afin de s'épanouir pleinement.

Les femmes comme Heather, Dee Dee Myers et d'autres créent leur propre bonheur. En tant que mères et femmes d'affaires, elles ont appris des comportements qui facilitent leur bonheur. À titre de mère au travail, vous pouvez transformer votre vie même si vous n'êtes pas d'une nature heureuse. C'est ce qu'a fait Heather. Son désir d'être une maman au foyer heureuse, malgré toute sa bonne volonté, ne suffisait pas à lui procurer une vie de bonheur. « Il s'agit de savoir ce qui vous rend heureuse et de trouver le temps de faire ces choses. Il faut prêter attention aux détails qui font votre bonheur [...] afin de vous offrir ce qui vous fait plaisir », dit-elle.

Certains éléments déclenchants du bonheur de Heather sont le fait de retourner au travail, de se sentir indispensable, de jouer un rôle en dehors de son périmètre personnel et d'être utile.

« Je suis du genre à voir mon verre à moitié plein », dit l'avocate Laben qui, pour arriver à ces perspectives positives, a appris à reconnaître et à apprécier les moments de bonheur. « Cela fait partie de l'art de vivre et de l'éducation des enfants », dit-elle.

Quels sont les éléments qui déclenchent *votre* bonheur ? Qu'est-ce qui vous remonte le moral et vous aide à adopter une attitude d'abondance ? Imaginez tout ce que votre vie a de bon. Maintenant, dressez-en un tableau plus harmonieux (figure 1.2) et puis faites le test d'autoévaluation sur l'abondance (figure 1.3).

Pause d'autoaccompagnement

Imaginez votre vie comme une fenêtre par laquelle vous pouvez voir les personnes et les endroits qui contribuent à votre bonheur. Cette fenêtre vous procurera une vue sur une vie heureuse que vous pourrez modifier au besoin. Vous pouvez y insérer la photo ou le nom de ces personnes et de ces endroits, et même la diffuser sur Facebook si vous le désirez.

Maintenant, soumettez-vous au test d'autoévaluation sur l'abondance. Soyez franche et honnête. Même les petits aspects positifs peuvent s'accumuler, ce qui est d'ailleurs le cas.

FIGURE 1.2 Se créer une vue plus heureuse de la vie

FIGURE 1.3 Test d'autoévaluation de la mentalité d'abondance

Mise en contexte :
En tant que mères au travail, nous devons faire face à des contraintes de temps, avec le résultat que nous devenons plus focalisées sur le négatif que sur le positif. Nous avons comme exemple de cela la façon dont nous voyons les réalisations de notre entourage, des êtres qui nous sont chers comme notre partenaire ou nos enfants. Dans de telles circonstances, faisons-nous la dissection de ces déroulements favorables ou de ce qui n'a pas tourné aussi bien que prévu ? Sommes-nous réalistes quant à nos emplois du temps, à la planification des activités, à nos tâches professionnelles ou à nos attentes envers nous-mêmes et les autres ? Focaliser votre attention sur la liste de mots ci-dessous vous aidera à déterminer les ajustements nécessaires, s'il y en a, pour maintenir ou perfectionner votre mentalité d'abondance qui est essentielle à une meilleure santé, à un bien-être émotionnel et à une bonne gestion de vos talents de mère et de professionnelle.

Instructions :
Veuillez lire les affirmations suivantes afin de mieux comprendre les réponses possibles dans le cadre de la 1re partie de votre évaluation.

Pensez à votre efficacité en matière d'application de la mentalité d'abondance grâce à ces affirmations.

1re partie. Sur une échelle de 1 à 10 (10=excellent, 5=moyen, 1=très faible), notez ou évaluez le niveau de votre mentalité d'abondance sur le plan personnel et professionnel dans les domaines suivants. (Veuillez lire les définitions suivantes avant de remplir ce tableau.)

Établir des liens	Créer des liens personnels avec quelqu'un ou se mettre à son diapason afin de faciliter la conversation.
Écouter	Approfondir son niveau d'écoute afin d'accorder toute son attention à son interlocuteur, et être consciente des effets de cette écoute.
Améliorer la conscience de soi	Comprendre et exprimer clairement ses propres perspectives, réactions et hypothèses afin de mieux saisir la nature des « lentilles » à travers lesquelles on voit le monde.
Faire preuve d'empathie	Accepter et valoriser la perspective d'autrui et lui montrer que l'on souhaite véritablement le comprendre.
Poser des questions / Se renseigner	Poser des questions directrices pour faciliter le processus de prise de décision d'une personne. Lui permettre de régler le problème d'elle-même.
Faciliter	Encourager quelqu'un à mettre ses qualités et ses talents au profit de sa créativité en montrant de l'enthousiasme pour ses actions et ses progrès, et en soulignant son évolution et sa croissance latentes.
Résoudre les problèmes conjointement	Reconnaître la valeur des idées des autres et s'en servir pour étudier les problèmes et trouver ensemble des solutions.
Fournir et recevoir une rétroaction	Souligner l'effet des comportements actuels et relever de nouvelles attitudes et actions qui améliorent le rendement.

(suite au verso)

1. Établir des liens

1 2 3 4 5 6 7 8 9 10

2. Écouter

1 2 3 4 5 6 7 8 9 10

3. Améliorer la conscience de soi

1 2 3 4 5 6 7 8 9 10

4. Faire preuve d'empathie

1 2 3 4 5 6 7 8 9 10

5. Poser des questions / Se renseigner

1 2 3 4 5 6 7 8 9 10

6. Faciliter

1 2 3 4 5 6 7 8 9 10

7. Résoudre les problèmes conjointement

1 2 3 4 5 6 7 8 9 10

8. Fournir et recevoir une rétroaction

1 2 3 4 5 6 7 8 9 10

Constatez le nombre total de fois où vous avez encerclé un chiffre précis (1-10) ci-dessus. Si vous avez encerclé principalement les chiffres 8 à 10, vous obtenez probablement de bons résultats et faites preuve d'une mentalité d'abondance extrêmement efficace. Si vous avez encerclé principalement les chiffres 4 à 7, vous vous débrouillez sans doute assez bien et faites preuve d'une mentalité d'abondance modérément efficace. Si vous avez encerclé principalement les chiffres 1 à 3, vous n'êtes sans doute pas aussi efficace que vous pourriez l'être en matière d'utilisation et d'application d'une mentalité d'abondance de niveau élevé. En examinant quelques obstacles clés dans la 2e partie, vous pouvez commencer à acquérir ces nouvelles aptitudes.

2e partie. Indiquez ci-dessous les 3 à 5 principaux obstacles qui vous empêchent de vous façonner et d'adopter une mentalité d'abondance (par ex. manque de temps, pas de bon modèle à suivre, pas de formation adéquate, les dirigeants de mon entreprise ne semblent pas accorder d'importance à ces aptitudes, ma famille s'attend à ce que je réussisse à tout concilier, et ainsi de suite). Puis, passez à la 3e partie.

1. ....
2. ....
3. ....
4. ....
5. ....

3e partie. Énumérez 5 à 10 adjectifs pouvant décrire l'abondance dans votre vie personnelle et professionnelle (c.-à-d. talents, aptitudes, forces ; capacité de créer des liens et de résoudre les problèmes, de communiquer efficacement, de comprendre ses enfants ; le fait d'attirer les confidences, d'être digne de confiance, d'apprendre vite, d'être motivée ; etc.) Cette section vous permettra d'étoffer l'abondance de votre vie au moyen de « mots » ou de phrases. En gardant cette liste bien en vue (par ex. sur votre économiseur d'écran, sur votre cellulaire à côté du nom de personnes « énergisantes », parmi les photos destinées à votre plan de travail, dans votre voiture ou votre casier au gymnase), vous pourrez plus facilement simuler votre mentalité d'abondance.

1.	6. ....
2.	7. ....
3.	8. ....
4.	9. ....
5.	10. ....

4e partie. Qu'espérez-vous tirer de cette mentalité d'abondance ?

- Sur le plan personnel :
  - Pour vous-même ....
  ....
  - Pour votre famille ....
  ....
- Sur le plan professionnel
  - Pour vous-même ....
  ....
  - Pour votre équipe / votre entreprise/votre secteur d'activité ....
  ....

Pourquoi se donner la peine de rechercher le bonheur ?

La présence de bonheur modifie le paysage où que vous soyez, quoi que vous fassiez. Si vous êtes heureuse, vos relations personnelles sont plus positives, vos enfants ont plus d'énergie et votre rendement au travail s'en trouve amélioré. L'absence de bonheur, par contre, a des effets négatifs sur tout votre entourage et toutes vos activités.

La sagesse d'une mère qui travaille

Fait paradoxal, un diagnostic de cancer apporte souvent davantage de bonheur dans la vie de ses victimes parce que celles-ci sont obligées de mettre de côté les soucis sans importance. Le fait de changer de perspective et de mettre l'accent sur la valeur de la vie peut effectivement les rendre plus heureuses. Leur capacité d'apprécier les joies de la vie se trouve améliorée.

La perte d'un être cher peut souvent faciliter le sentiment de joie. En effet, lorsqu'on atteint le fond du continuum de la souffrance, on est sensible à son opposé, c'est-à-dire la joie.

— Victoria, M.D., et mère de trois enfants

En milieu de travail

Le bonheur est synonyme de profit en milieu de travail. Si les coûts de soins de santé diminuent, si les employés prennent moins de congés de maladie (dont ceux pris pour des raisons de « santé mentale ») et si le mouvement d'effectifs chute, les entreprises réduisent leurs dépenses, augmentant de ce fait leurs profits. Pourquoi ? Parce que lorsque les gens travaillent dans un environnement positif, ils subissent moins de stress. Or un faible niveau de stress signifie que les différentes parties du cerveau, l'amygdale et le cortex frontal dont nous parlerons plus en profondeur dans le prochain chapitre peuvent travailler ensemble de façon optimale, entraînant des décisions éthiques éclairées. Or si le stress est source d'hypertension et d'autres symptômes de maladies physiques, de faibles niveaux de stress peuvent réduire ces symptômes, ce qui signifie moins d'employés en congé de maladie[3].

Promouvoir le bonheur de ses employés est la meilleure transformation qu'une entreprise puisse effectuer pour retenir les talents, améliorer sa position concurrentielle et augmenter son chiffre d'affaires. C'est aussi le meilleur moyen de réussir à sabrer les coûts liés au stress et aux soins de santé en milieu de travail (et de ce fait, influencer positivement son bilan). Voyons quelques chiffres relatifs au stress et à l'*absence* de bonheur en milieu de travail :

- Le stress des employés coûte annuellement aux entreprises américaines plus de 300 milliards de dollars en absentéisme accru, en roulement de personnel, en productivité réduite et en frais médicaux et judiciaires[4].

- On évalue à 2,5 millions, pas moins, le nombre de parents au travail qui sont moins productifs parce qu'ils s'inquiètent de ce que font leurs enfants après l'école, selon une étude effectuée en 2006 dans le cadre du programme Community, Families and Work de l'université de Brandeis et Catalyst, un important organisme de recherche consultatif sans but lucratif. « D'après nos observations, elle [l'inquiétude des parents concernant leurs enfants une fois qu'ils sont sortis de l'école] peut être très toxique pour l'attitude, le rendement et le bien-être des employés », affirme Karen Gareis, psychosociologue au service du programme Communities, Families and Work et principale chercheuse dans le cadre de cette étude[5].

- L'épuisement professionnel, plus courant chez les femmes que chez les hommes, touche aux États-Unis près de 40 pour cent des travailleurs et l'on estime à plus de 136 milliards de dollars ce qu'il coûte aux employeurs en perte de productivité due à la maladie, selon une étude menée en 2007 par l'American College of Occupational and Environmental Medicine[6].

Coût de l'absence de bonheur en milieu de travail =
Coût en prestations de maladie + Nombre de jours de maladie +
Coût de remplacement des talents perdus

Employés heureux = Employés productifs

« Si les employés sont heureux de ce qu'ils font, ils sont plus motivés et de ce fait plus efficaces, fournissant un rendement d'un autre niveau », selon iOpener, maison d'experts-conseils du Royaume-Uni, des Pays-Bas et d'Afrique du Sud. Cette compagnie a été fondée conjointement par deux mères au travail dont Jess Pryce

Jones dans le but d'aider les entreprises à améliorer leur quotient de bonheur et leur bilan. On peut lire dans iOpener (www.iopener.co.uk/index.php) qu'« un lien particulièrement étroit a été établi entre le bonheur et la productivité » et qu'« affaires ayant toujours rimé avec succès, on est parti du principe que le bonheur au travail était un sous-produit bienvenu, mais inutile. Cependant, comme peuvent en témoigner bon nombre de personnes prospères, il ne faut pas confondre succès et bonheur. Nous sommes d'accord pour dire que le succès à lui seul ne suffit pas à engendrer l'engagement, la loyauté ou la motivation à long terme, mais qu'il en est *autrement* du bonheur au travail[7] ».

L'engagement des employés, soit la connexion émotionnelle qu'ils ont avec leur emploi ou leur niveau d'engagement, est un puissant indicateur d'une entreprise prospère. Selon des études menées par Hewitt Associates, les compagnies à haut rendement sont celles dont les employés s'investissent à 60 pour cent et plus[8]. Les employés heureux sont des employés très engagés. Par conséquent, pour être considérée comme ayant un haut rendement dans son secteur, une entreprise doit avoir à son service des employés heureux et engagés.

Les accompagnateurs de gestionnaires éminents du monde entier travaillent en collaboration avec des entreprises de toutes sortes et de toutes les tailles, des organismes privés et gouvernementaux, et même l'armée dans le but de promouvoir une approche positive ou heureuse au quotidien tout en augmentant le niveau de rendement de leurs employés.

À la maison

Le bonheur d'une mère qui travaille se reflète aussi à la maison. Vous n'avez qu'à demander à l'un de ses enfants ou à son partenaire ce qu'il en pense. Matt, fils adolescent d'une mère au travail dit ceci : « Cela se voit tout de suite si maman a eu une mauvaise journée au travail. Je sais alors que je dois la laisser un peu tranquille avant de lui demander quoi que ce soit ou la permission de sortir. »

Le travail donne de l'énergie à Britt van den Berg, directrice à temps plein du recrutement et de l'insertion de talents au niveau mondial de la société Philips et mère d'une enfant de 13 mois. « C'est de l'énergie que je transmets à ma fille », dit-elle. Britt, son conjoint et leur fille habitent en Hollande où les femmes qui ont des enfants ne travaillent habituellement qu'à temps partiel. Quand sa fille est née, Britt avoue s'être sentie déprimée et dépassée par la responsabilité d'un être, malgré l'aide de son conjoint. L'idée de retourner au travail, cependant, lui remontait le moral. « Je suis une meilleure mère parce que je travaille. Je me sens en même temps très responsable vis-à-vis de mon emploi parce que j'ai une enfant à charge », dit-elle.

Je suis en quelque sorte le baromètre de la maisonnée, car c'est moi qui en détermine l'humeur... Lorsque je suis grognon, tout le monde marche sur des œufs.

— Jill, infirmière clinicienne spécialisée et mère de trois enfants

Quant à Tatiana, le bonheur que lui procure aussi son travail a une influence positive sur son rôle de mère. Tatiana vit en Grande-Bretagne. Elle a trois enfants, une fille de 12 ans et des fils jumeaux de 10 ans ainsi qu'un mari avocat avec qui elle est heureuse en couple. « Gérer des enfants est plus difficile que diriger une équipe de travail, dit-elle. La maternité m'a appris à gérer plusieurs situations en même temps et m'a donné une nouvelle perspective. Je ne stresse pas pour les petites choses », ajoute-t-elle.

Tatiana affirme qu'en même temps, ses compétences de travail font d'elle une meilleure mère. Sa formation en négociation, par exemple, l'aide à gérer ses enfants, à les motiver, à bâtir leur estime de soi et à reconnaître leurs réalisations. « Mon bonheur importe à ma famille. Il me procure un supplément d'énergie à dépenser pour elle et donne le ton. »

Tatiana et Britt ne sont pas les seules à penser que le fait de travailler aiguise leurs aptitudes de mères et vice versa. C'est là un dénominateur commun des mères qui travaillent, qu'elles conduisent un chariot à fourche dans un entrepôt ou qu'elles dirigent d'énormes sociétés.

La maternité a aussi transformé la vie professionnelle de Dee Dee Myers. « Je m'améliore en négociations gagnant-gagnant, dit-elle. Avant, je ne voyais pas l'importance du bonheur de tous. Je comprends maintenant qu'il importe aux gens que l'on tienne compte de leur opinion. Je suis plus à même d'établir des limites. Ma vue du monde a en quelque sorte changé aussi. J'ai toujours pensé qu'il était important que les femmes participent à tous les aspects de la vie publique. J'en suis maintenant convaincue [...] J'ai une vue plus large de ce que signifie avoir un emploi enrichissant. »

Votre bonheur : un luxe ?

Le bonheur est une nécessité, selon Diana âgée de 51 ans, professeure auxiliaire de droit à l'université d'Arizona, épouse et mère d'un adolescent de 17 ans. « Il faut faire les ajustements nécessaires pour trouver le bonheur. C'est la seule vie que nous avons, autant en profiter. »

Diana a compris que le bonheur, c'est la conscience de soi (reconnaître ses propres besoins), l'autonomie (faire en sorte de les combler), l'amour de soi (apprendre à s'accepter pour qui l'on est, avec toutes ses imperfections) et vivre une vie conforme à ses valeurs.

« Le bonheur, c'est la partie de sa vie qu'on se façonne », confirme Debra, thérapeute autorisée, négociatrice de marchandises, divorcée et mère de deux enfants dont elle partage la garde avec son ex-mari. « Mon bonheur est primordial pour mes enfants [...] Ce serait malsain de me comporter comme une victime. Je leur sers au contraire de modèle de limites en leur montrant que le bonheur n'est pas quelque chose que l'on attend passivement. C'est maintenant qu'il faut être heureuse, tous les jours [...] Si j'étais malheureuse, mon malheur déteindrait sur mes fils. »

Pas toutes les mères qui travaillent ont atteint un tel niveau de conscience de soi et appris à s'accepter et à vivre conformément à leurs valeurs. Il est souvent plus facile de ruminer le négatif, surtout quand on est mère et qu'on est au bout du rouleau. Pour connaître le véritable bonheur, vous devez non seulement savoir reconnaître les bons côtés de votre vie, mais aussi être consciente de vos besoins et de la façon de les combler. Il n'est pas seulement question des besoins de vos enfants et de votre famille.

Benita Fitzgerald Mosley de Women in Cable Telecommunications est devenue la première médaillée d'or afro-américaine lorsqu'elle a gagné la course des cent mètres haies. C'était aux Jeux olympiques de 1984. À ce moment-là, la favorite du 3000 mètres, la sensationnelle Mary Decker, avait perdu la course, ayant fait une chute à la suite d'une collision avec une autre coureuse. Malgré la victoire importante de Benita, les médias avaient canalisé toute leur attention sur la défaite de Mary Decker. Cependant, plutôt que de se laisser gagner par l'amertume et le ressentiment, Benita a tiré profit de son magnifique exploit, transformant cette expérience en une victoire sur le plan personnel et professionnel. Benita raconte :

« Je me rappelle cette fameuse journée de 1984 [...] toute l'attention médiatique était tournée vers la chute de Mary Decker, et non pas sur Benita Fitzgerald (Mosley), première femme afro-américaine à remporter aux États-Unis la médaille d'or aux cent mètres haies. Après ma victoire, j'ai été escortée jusqu'à Los Angeles où se trouvait le chapiteau qui abritait la presse, afin d'être interviewée. Ce chapiteau immense, un peu comme une tente de mariage, grouillait de caméras et d'équipes de journalistes du monde entier. À mon entrée, les gens de la presse m'ont simplement regardée, leur regard passant aussitôt par-dessus mon épaule

[...] Ils étaient bien résolus à attendre Mary pour obtenir l'histoire du jour, à savoir la perte de la médaille d'or au 3000 mètres de Mary Decker.

« J'aurais pu regretter ce manque de couverture médiatique, mais ça n'a pas été le cas. Encore aujourd'hui, je suis reconnaissante d'avoir eu mon jour de gloire et convaincue que si j'avais mis tous mes œufs, c'est-à-dire ma victoire aux Jeux de 1984, dans ce même petit panier, j'aurais sans doute été très contrariée. Mais j'ai poursuivi ma vie.

« Je me revois, debout sur le podium. Je me rappelle la fierté de mes parents et la joie de m'endormir ce soir-là avec ma médaille d'or, en sachant que j'avais atteint mon objectif en seulement 12,84 secondes. Certes, l'affaire des médias était décevante, mais depuis ce jour, il m'est arrivé tant de merveilleuses choses dans la vie [...] Si j'avais été aigrie, je serais restée une personne incapable et en colère, et pendant le restant de mes jours. Or j'ai choisi d'être heureuse et fière de mon exploit, et de représenter ma ville natale de Dale City, en Virginie. »

Tel est le pouvoir de la pensée d'abondance face à la vie, c'est-à-dire la focalisation sur tout ce qui est bon plutôt que sur tout ce qui ne l'est pas. Benita a su reconnaître déjà à ce moment-là et le reconnaît encore maintenant, 25 ans plus tard, que le véritable bonheur apporte bien plus de bienfaits que son contraire, et que cela méritait et mérite encore qu'elle fasse l'effort de trouver et de maintenir ce bonheur.

Trouver son propre bonheur

Tout comme Benita et d'autres femmes, vous aussi pouvez mobiliser vos pensées, vos sentiments et votre approche face à la vie en vue d'atteindre votre objectif : le bonheur. Vous vous heurterez en cours de route à des tas de tentations et de barrières dont certaines seront abordées dans les prochains chapitres. Cependant, toutes ces épreuves sont surmontables grâce aux outils, techniques et systèmes d'aide adéquats. Si vous n'êtes pas d'une nature heureuse, nous vous montrerons comment modifier votre comportement. C'est en quelque sorte comme donner des stéroïdes à la gestion du changement ou appliquer la méthode Six Sigma à votre propre vie. Vous pouvez apprendre à déterminer et à améliorer les points positifs nécessaires pour être plus heureuse, et ce faisant, aider à réduire le niveau d'émotions négatives du processus qu'est votre vie.

«Le bonheur vient de l'intérieur», dit Lisa Kamen, mère et fondatrice du projet What Is Your Happiness et réalisatrice de films primés qui nous fait part de sa perspective générale sur le bonheur dans son documentaire intitulé «The H-Factor: Where Is Your Heart[9]».

Trouver votre propre bonheur ne se fera pas du jour au lendemain. Pensez à l'abondance dans votre vie chaque fois que vous sentez monter cette vague de submersion. Prenez le temps de parler à vos enfants, faites abstraction des choses négatives qui vous entourent, éteignez la télévision, respirez profondément et puis partez en quête de votre bonheur. Vous en êtes capable.

Vivre son rêve

Nous caressons tous des rêves qui souvent débutent comme des fantasmes d'aventure, de richesse ou de gloire lorsque nous sommes enfants. On n'est jamais trop vieux pour rêver et poursuivre ses rêves. Même si un rêve n'est que cela, sa poursuite peut être une source de grande joie. Le cheminement vers celui-ci peut aussi procurer de nouvelles occasions que l'on n'aurait pas vues autrement.

Cependant, il nous arrive parfois d'oublier que pour réaliser un rêve, celui-ci doit avoir un fondement de réalité. La réalité de vos liens avec vos enfants et d'autres adultes, c'est que vous devez les alimenter en temps, mais vous devez aussi trouver le temps de vous ressourcer.

Bon nombre de femmes rêvent d'atteindre certains jalons de carrière tout en s'occupant de leur mari et de leurs enfants. Et pourquoi pas ? Dans notre monde virtuel, on peut travailler depuis n'importe où. On peut habiter tout en haut d'une montagne de l'Idaho et télétravailler à New York tous les matins si on le souhaite. Il importe cependant que votre rêve soit accessible dans un laps de temps réaliste et qu'il vous alloue du temps pour tout : votre conjoint, vos enfants, vos amis et vous-même. Autrement, vous risquez d'arriver au sommet, là où vous souhaitez vous rendre, pour découvrir que les choses ne sont pas telles que vous les aviez imaginées.

Poussez-vous, diamants ; le meilleur ami
de la femme, c'est le bonheur.
— Cathy Greenberg

Poursuivez votre rêve

Tout en poursuivant votre rêve, prenez en considération tous les éléments d'une vie heureuse : le travail, la famille, la vie, les amis, la détente, l'exercice et la liberté de grandir et de changer.

Posez-vous les questions qui suivent, écoutez votre mentor intérieur, soyez positive envers vous-même et aidez-vous à voir comment vous pouvez réaliser votre rêve.

- Quel est le rêve le plus grandiose que vous ayez pour vous-même à l'heure actuelle ?
- Combien de temps pensez-vous qu'il vous faudra pour le réaliser ?
- De qui aurez-vous besoin pour réussir (famille, amis, associés en affaires ou réseaux de compétences ou de personnes) ?
- Quelles compétences, capacités, expériences ou aptitudes vous faudra-t-il pour réussir ? Comment obtiendrez-vous ces compétences que vous ne possédez pas encore ?
- Qui l'idée de ce rêve enthousiasme-t-il le plus (vous, votre famille, vos amis ou vos collègues de travail) ?

- À quoi votre succès sera-t-il principalement attribuable (à vos connaissances, au réseautage, à vos actifs financiers, au temps) ? Comment pouvez-vous vous procurer ces ressources ?
- Qui doit faire partie de votre succès pour que vous ayez le sentiment d'avoir véritablement réalisé votre rêve (vous seule, votre famille, vos amis et collègues, d'autres personnes) ?
- De quels obstacles, s'il en est, devez-vous être consciente lors de la planification de votre rêve ? Comment pouvez-vous les surmonter ?
- Quels sont les sacrifices que vous êtes prête à faire pour réaliser votre rêve (temps libre, argent, sécurité, autre) ?
- À quoi reconnaîtrez-vous que vous avez atteint votre objectif ? Quels jalons aurez-vous dépassés en cours de route ?

Cela représente pas mal de questions, mais nous espérons que vos réponses vous aideront à canaliser votre énergie vers la réalisation du rêve qui convient en un laps de temps adéquat. Une bonne compréhension de vos réponses vous aidera à rester fidèle à vous-même, à vos valeurs et à vos motivations, et à vous diriger sur le chemin du succès que vous vous êtes tracé pour aujourd'hui et pour l'avenir.

Le véritable bonheur prend sa source dans l'honnêteté envers soi-même. Choisir les éléments qui conviennent le mieux à votre plan est une part essentielle de la réalisation d'un bonheur dénué de regrets.

Décider de ce qui importe le plus pour vous est vital.
Par conséquent, prendre le temps d'écouter votre propre voix intérieure est capital, faute de quoi vous risquez de passer à côté de votre propre message.

— Sherry Brennan, mère et vice-présidente du service de stratégie et de promotion des ventes de Fox Cable Networks

Bilan : exercices à expérimenter

ÉCRIVEZ VOTRE HISTOIRE HEUREUSE

Prenez quelques instants pour écrire une histoire heureuse qui s'est déroulée à un moment quelconque de votre vie. Servez-vous-en pour retrouver ce sentiment d'exaltation que vous aimeriez ressentir souvent.

FAIRE DES CHOIX

Posez-vous les questions suivantes :

- Que dois-je savoir sur moi-même en tant que maman et mère au travail pour faire les choix qui me conviennent le mieux ?
- Ces choix influeront-ils sur mon bonheur et comment ?
- Mes choix auront-ils des effets à court ou à long terme, et comment ?
- Puis-je ajuster mon choix si celui-ci ne s'avère pas le meilleur pour moi ?
- Qui peut m'aider à faire ce choix ?
- Que puis-je faire pour que ce choix profite à la fois à ma famille et à ma vie professionnelle ?
- Quels choix futurs celui-ci influencera-t-il ?

Bien vous connaître est essentiel à votre bonheur. Prendre le temps de vous comprendre, vous-même, vos valeurs et vos priorités pour savoir ce qui vous rend heureuse est vital. Faire les bons choix est essentiel à la création d'un plan à long terme et d'une base solide pour votre bonheur.

Chapitre 2

La science du bonheur

Quelle bénédiction que de pouvoir contribuer au monde ! Bien que femmes, nous pouvons y contribuer aussi bien, sinon mieux que les hommes, sans pour autant devenir comme eux.

— Genevieve Bos, cofondatrice de la revue PINK

La notion de bonheur varie d'une personne à une autre. Vos sources de gratification ou de joie peuvent susciter une réaction différente chez votre voisin, votre nièce, votre frère ou le commerçant du coin. Cela ne veut pas dire que le bonheur est arbitraire, car il ne l'est pas et peut être mesuré scientifiquement. Les facteurs déclencheurs du bonheur peuvent être différents pour les hommes et les femmes. D'après des recherches communément acceptées, certaines personnes seraient plus génétiquement disposées au bonheur que d'autres. Il n'existe pas à notre connaissance de gène du bonheur, mais une chose est sûre : à titre individuel, nous avons tous une influence sur notre propre bonheur.

Maîtrise personnelle : conscience accrue de soi, de ses comportements, de ses motivations et de ses compétences accompagnée d'une intelligence émotionnelle nécessaire au contrôle et à la gestion de ses états émotifs[1].

— Goldsmith, Greenberg, Robertson et Huchan :
Global Leadership: Next Generation

La science du bonheur et l'application de la psychologie positive ont fait leur chemin jusque dans les salles de conférence, depuis que les entreprises ont compris que les employés heureux sont plus productifs et plus créatifs que leurs collègues malheureux. Les accompagnateurs de gestionnaires et les mentors personnels aident leurs clients du monde entier à reconnaître et à comprendre leurs forces et leurs faiblesses, et à prospérer dans leur environnement. Vous aussi pouvez apprendre à vous servir des résultats scientifiques sur le bonheur pour améliorer votre bilan. Ayant acquis une meilleure conscience de vous-même, c'est-à-dire la compréhension de vos comportements, de vos motivations et de vos compétences, vous serez en mesure de tirer profit de votre intelligence émotionnelle. C'est ce que vous enseignera ce livre au moyen d'informations et d'exercices. Poursuivez-en la lecture.

Avant de nous lancer cependant, prenons le temps de comprendre la science du bonheur et aussi le pourquoi et le comment de la réaction de l'être humain face à certaines choses qui lui arrivent, à lui, aux membres de sa famille, à ses collègues de travail, à ses amis et même à de parfaits inconnus. Nous vous montrerons aussi le lien qui existe entre ces réactions d'une part et d'autre part votre joie et votre épanouissement en tant que mère au travail. Comprendre ce qui se passe vraiment et pourquoi est une première étape vers des choix qui vous feront trouver le bonheur.

Le bonheur est fonction de la nature de chacun

En 1996, le professeur de psychologie de l'université du Minnesota David Lykken et le professeur adjoint Auke Tellegen sont arrivés à la conclusion que la génétique joue un rôle important dans le bonheur de tout individu.

Ils ont basé ces résultats cruciaux sur des années d'études portant sur de vrais jumeaux élevés séparément. Selon cette recherche, tout le monde naît avec ce qu'ils appellent un « set-point », une prédisposition ou non au bonheur. On peut faire le parallèle avec une tendance à un poids précis, comme lorsqu'on dit d'une personne qu'elle est « de constitution » mince, lourde ou forte. De même qu'une prédisposition à l'embonpoint ne veut pas dire qu'une personne va nécessairement être forte, le fait de n'avoir qu'une faible prédisposition au bonheur ne veut pas dire qu'on ne peut pas être heureux. Cependant, génétiquement, il y a 50 pour cent de probabilités pour que votre prédisposition l'emporte et, en l'absence d'autres forces, externes ou internes, que le restant ait raison de vous[2].

Plusieurs années après son étude sur le bonheur, le professeur Lykken a écrit le livre *Happiness: The Nature and Nurture of Joy and Contentment,* dans lequel il explique comment n'importe qui, indépendamment de sa prédisposition, peut consciemment élever son niveau de bonheur. Si vous n'êtes pas génétiquement programmée pour être heureuse, vous n'êtes pas pour autant destinée à une vie de tristesse. « Je voulais que les gens sachent que le bonheur est influencé par la génétique, mais ne dépend pas uniquement d'elle, dit-il. Le bonheur est un lac sur lequel chacun de nous vogue à bord de son propre bateau. Si le niveau moyen de l'eau est déterminé par les gènes, il va monter et baisser en fonction des événements de la vie de chacun, revenant toujours à son étiage assez rapidement, que cette personne gagne à la loterie ou perde sa maison des suites d'un ouragan[3]. »

Sonja Lyubomirsky, Ph.D., professeure adjointe de psychologie à l'université de Californie à Riverside et auteure de *The How of Happiness* (Penguin) présente un modèle de bonheur légèrement différent qu'elle a élaboré en collaboration avec Ken Sheldon de l'université du Missouri et David Schkade de l'université de Californie à San Diego. Dans ce modèle, il est aussi question de 50 pour cent de prédisposition au bonheur, le restant étant distribué comme suit : 10 pour cent attribués aux diverses circonstances de la vie des gens, par exemple leur constitution et leur situation financière et physique, les derniers 40 pour cent étant façonnés et modifiés par chacun d'entre nous[4].

L'importance de la reconnaissance

D'après les recherches, la reconnaissance est vitale au bonheur de l'individu.

- Une attitude positive chex des patients atteints de cardiopathies augmente leur chance de survie de 20 pour cent onze ans plus tard.
- La communication positive au sein du couple réduit le stress de 15 pour cent et la communication négative l'augmente au contraire de 48 pour cent.
- La gratitude réduit les symptômes physiques et le besoin de médicaments, favorise l'équilibre hormonal et encourage la production d'anticorps.
- La reconnaissance harmonise le cœur et l'esprit, favorise la discrimination auditive, l'orientation spatiale et la mémoire à court et à long terme.
- Les pensées et même les émotions imperceptibles influencent l'activité et l'équilibre du système nerveux autonome qui interagit avec nos systèmes digestif, cardiovasculaire, immunitaire et hormonal.
- Les réactions négatives sont à l'origine d'un désordre et d'un déséquilibre au niveau du système nerveux autonome.
- Les sentiments positifs comme la reconnaissance améliorent l'ordre et l'équilibre du système nerveux autonome, entraînant un meilleur équilibre des systèmes hormonal et immunitaire ainsi qu'un meilleur fonctionnement de la fonction cérébrale.

Source: *What Happy Companies Know* de Dan Baker et de Cathy Greenberg, docteurs en philosophie, et de Collins Hemingway (Pearson Education, 2006); l'Institut de HeartMath (www.heartmath.org).

Si l'on en juge par ce dernier modèle, les gens passés en revue un an après un événement d'importance comme gagner la loterie ou subir des blessures à la suite d'un accident de voiture présenteraient un niveau de bonheur comparable à celui qu'ils présentaient avant l'événement en question. Selon cette étude, les grandes fluctuations de notre niveau de bonheur dues aux circonstances de la vie sont généralement de courte durée, car nous nous y adaptons. Dans ce cas, qu'est-ce qui peut bien modifier notre bonheur de façon durable, si cela est possible ? La réponse à cela réside dans la dernière composante du modèle, c'est-à-dire dans nos activités volontaires.

Comme le dit le professeur Lykken, si les gens veulent vraiment maîtriser leurs gènes et se bâtir une vie heureuse, ils doivent trouver une façon utile et agréable d'employer leur temps. « Je conseille aux gens de réfléchir sérieusement et honnêtement à ce qu'ils font qui les empêche d'être heureux, puis de prendre la décision de cesser de provoquer des creux dans leur lac de bonheur et de voguer plutôt sur la crête des vagues. »

L'équation du bonheur

Mise à part la génétique, chacun de nous peut influencer son bonheur en faisant les bons choix. Le psychologue Jonathan Haidt a même créé une formule de bonheur. Professeur adjoint en psychologie à l'université de Virginie, il est l'auteur du livre *The Happiness Hypothesis* (Basic, 2005). Sa formule reconnaît la capacité que nous avons tous d'influencer ces 50 pour cent non visés par la prédisposition de notre équation de bonheur.

FORMULE DE HAIDT

Niveau de bonheur = prédisposition + conditions actuelles + activités volontaires

ou

$$B = P + C + A$$

Autrement dit,

B = niveau général de bonheur
P = prédisposition au bonheur basée sur la génétique
C = conditions actuelles comme la stabilité financière, le milieu et l'état de santé
A = activités volontaires, c'est-à-dire comment et où l'on choisit d'employer son temps

Si vous n'êtes pas aussi heureuse que vous le souhaiteriez, d'après la formule de Haidt, vous devez miser sur les activités volontaires (A) dont vous avez le contrôle et modifier adéquatement vos conditions actuelles (C) afin d'augmenter votre niveau de bonheur (B).

Voici une autre façon de mettre cette formule au service de votre bilan de bonheur :

Augmentez A (activités volontaires) + C (conditions actuelles) afin de maximiser et de neutraliser P (prédisposition) = B (bonheur) accru.

Si les formules mathématiques ne sont pas votre fort, considérez cela sous l'angle de votre vie et des influences qui vous entourent. Rappelez-vous différents moments de votre existence ; les plus heureux sont sans doute ceux où vous vous sentiez en sécurité, aviez les moyens nécessaires et étiez entourée de personnes de confiance. En l'absence de certains de ces éléments, vous étiez probablement malheureuse. Votre entourage, ce que vous faites et comment vous le faites, tout cela influe sur votre niveau de bonheur. Lorsque vous aurez bien distingué les personnes et les activités qui vous apportent du bonheur de celles qui vous en éloignent, vous pourrez faire des choix délibérés qui augmenteront ce niveau. Or quand vous êtes heureuse, vous êtes à votre meilleur, à la maison comme au travail.

Vous rappelez-vous la médaillée d'or Benita Fitzgerald Mosley dont il a été question au Chapitre 1 ? Les médias s'étaient plus intéressés à la défaite de sa coéquipière (C, soit sa condition actuelle) qu'à sa propre victoire. Cependant, au lieu de récriminer, elle a choisi de célébrer son remarquable exploit plutôt que de se lamenter sur ce manque d'attention de la part de la presse (A, ses activités volontaires) et de savourer son bonheur (B).

Conseil en matière de bonheur : prendre la vie comme elle vient. Ce sur quoi vous décidez de vous focaliser devient votre expérience. Par conséquent, concentrez-vous sur les choses positives.

Prenez le cas de Sue, grand-mère au travail, dont il a été question précédemment. Ce qui la rend heureuse ne ferait sans doute pas le bonheur de bon nombre d'autres mères au travail, mais c'est ce qui lui convient et qui lui procure une grande joie. La P (prédisposition) de Sue combinée à A (ses activités volontaires comme les soins qu'elle prodigue à sa famille et aux membres de sa famille élargie), plus C (sa condition actuelle, soit les épreuves auxquelles elle fait face tous les jours) équivalent à B (son bonheur).

Différences entre les hommes et les femmes

La science nous montre aussi que les aspects du bonheur sont propres à chaque sexe. Les femmes diffèrent des hommes par leur réaction aux événements. Il nous est arrivé à toutes, à un moment ou un autre, de rester perplexes devant les actions d'un collègue masculin, d'un partenaire ou d'un mari, et vice-versa. Nous nous sommes peut-être interrogées sur la raison de cette réaction ou de la conclusion tirée. La réponse à cela, c'est que les cerveaux ne sont pas unisexes et que le cerveau des hommes diffère de celui des femmes.

Voici quelques-unes de ces différences, d'après la neuropsychiatre Louann Brizendine, M.D., directrice de la San Francisco Women's and

Teen Girls' Mood and Hormone Clinic de l'université de Californie et auteure du livre *The Female Brain* (Broadway, 2006) :

- Les neurones du cerveau féminin font plus de connexions au niveau de la communication et de l'émotion.
- Les neurones du cerveau masculin se concentrent davantage sur les domaines du sexe et de l'agressivité.
- Le cerveau des femmes dispose de 11 pour cent de plus de neurones axés sur le langage et l'ouïe.
- Le cortex préfrontal, c'est-à-dire la portion du cerveau responsable du contrôle de soi, est plus grand et se développe plus tôt chez les femmes. C'est une des raisons pour lesquelles les femmes ont tendance à être plus patientes que les hommes.
- Le corps amygdalien du cerveau d'où naît la crainte et l'agressivité est réduit chez les femmes, qui sont de ce fait moins portées à courir des risques d'ordre physique.
- L'espace alloué à la libido est moins important dans le cerveau des femmes que dans celui des hommes.
- L'hippocampe, partie du cerveau responsable de la mémoire émotionnelle, est plus étendu et plus actif chez les femmes qui, pour cette raison, se rappellent plus précisément les événements émotionnels.

DIFFÉRENCES D'ORDRE ÉMOTIONNEL

Les réactions émotionnelles diffèrent aussi entre les hommes et les femmes. Les hommes passent plus de temps à la poursuite du pouvoir, du prestige et des choses matérielles tandis que les femmes se concentrent sur les relations, la coopération et la communication.

Voyons quelques-unes de ces différences largement documentées :

- Les femmes semblent passer de l'état de bonheur à celui de tristesse plus rapidement que les hommes.

- Les femmes sont de deux à quatre fois plus sujettes à la dépression que les hommes.

- Les femmes passent par plus d'émotions que les hommes, à l'exception de la colère.

- Les femmes font état d'émotions plus positives, plus souvent et de façon plus intense que les hommes.

- Le cerveau des femmes alloue plus d'espace aux émotions et à la mémoire.

Ce que cela indique, c'est que les femmes ont un potentiel incroyable de conscience de soi et de maîtrise des choses négatives de leur vie, qu'il s'agisse d'adversité ou d'émotions, de source externe ou interne. Elles ont le pouvoir de générer et de choisir la joie. La mémoire féminine tient emmagasinés des messages de bonheur, de contentement et de joie. Le fait de vivre des circonstances personnelles catastrophiques ou d'avoir un amour de soi profondément enfoui importe peu. Il suffit d'apprendre les techniques nécessaires à la libération de ces souvenirs pour trouver son propre bonheur.

DIFFÉRENTES RÉACTIONS AU STRESS

Depuis des générations, pour les hommes comme pour les femmes, la réaction humaine au stress a été définie par la science comme une réaction de « combat ou de fuite ». Plus récemment, une étude importante effectuée par l'université de Californie à Los Angeles a révélé qu'il serait dans la nature féminine de réagir plutôt par « la sollicitude et le rapprochement ».

En effet, lorsque nous sommes soumises au stress, nous libérons une hormone appelée ocytocine qui réveille notre instinct de protection et nous porte à nous réunir entre femmes. D'après les chercheurs, plus nous prenons soin de nos proches et plus nous nous joignons à d'autres femmes, plus nous produisons d'ocytocine et devenons sereines. Il semble que l'estrogène stimule cette réaction de sollicitude et de rapprochement[5].

Cela explique pourquoi, quand nous sommes stressées, nous nous sentons souvent mieux après avoir parlé à une amie, à notre mère ou à une autre femme qui nous est proche. Les chercheurs affirment que sur le plan scientifique, c'est dans notre nature de rechercher la protection d'autres femmes.

Le bonheur n'est pas un état auquel on parvient,
mais un cheminement.

— Samuel Johnson, philosophe anglais du dix-huitième siècle

La qualité des soins que les mères prodiguent à leurs enfants, d'après la Dre Brizendine, pourrait bien avoir des effets sur l'intelligence, la santé et la propension au stress de leurs bébés. Ce sont des qualités dont ceux-ci bénéficieront tout au long de leur vie et qu'ils transmettront à leurs propres enfants.

FONCTION DU CERVEAU TOUT ENTIER

Peu importe que vous ne vous considériez pas du tout comme une personne émotive, les émotions ont leur part à jouer dans la prise de décision. Les bonnes décisions sont émotionnelles dans le contexte de notre vie, que nous en soyons conscientes ou non. Ce que cela veut dire, c'est que les êtres humains pensent avec tout leur cerveau, pas juste une partie. Par conséquent, si, en tant que mère ou femme au travail, vous ignorez ou tentez de refouler vos émotions lors de prises de décisions importantes, vous vous privez d'informations et d'énergie précieuses. C'est cette approche de confiance envers son intuition dont faisait état la mère au travail Dee Dee Myers dans le chapitre précédent (des douzaines d'autres femmes accomplies pensent comme elle).

Lorsque votre situation de garde d'enfant vous oblige à modifier votre emploi du temps professionnel, par exemple en travaillant depuis chez vous ou en changeant vos périodes de travail, si vous ne vous laissez guider que par vos émotions, vous risquez de vous présenter sans préparation devant votre patron pour lui faire part de vos besoins. Si celui-ci refuse, il y a même de fortes chances pour que vous ressentiez l'envie de pleurer parce que vous ne voyez pas de solution à votre problème. Par contre, en mettant à contribution tout votre cerveau, vous êtes en mesure de montrer à votre patron comment ce nouvel emploi du temps peut profiter, ou du moins ne pas nuire à l'entreprise. Vous lui présentez un plan gagnant-gagnant : vous obtenez ce que vous voulez et l'entreprise y trouve aussi son compte. Si votre patron refuse, vous avez une base sur laquelle entamer une discussion avec lui ou avec son supérieur dans le but d'obtenir une approbation.

Pause d'autoaccompagnement : fonction du cerveau tout entier

Pensez à quelque chose qui vous fait sourire, par exemple votre fils ou votre fille en train de vous faire cadeau du premier pissenlit du printemps. Puis pensez à quelque chose qui vous fait froncer les sourcils, comme votre patron en train de vous réprimander parce que vous êtes en retard. Essayez de garder en tête ces deux images simultanément. En êtes-vous capable ? Pouvez-vous concilier la joie et la crainte dans votre esprit ?

Voilà en fait une question piège, car biologiquement parlant, c'est impossible. En tant qu'êtres humains, nous ne pouvons tout simplement pas ressentir la peur et la reconnaissance en même temps. Nous sommes incapables d'éprouver de l'espoir ou de la gratitude en même temps que de la tristesse, de la culpabilité ou de la colère. Il est scientifiquement prouvé qu'il est impossible de ressentir simultanément des émotions positives et négatives. C'est cela le concept de base de la fonction du cerveau tout entier.

LE PROCESSUS DÉCISIONNEL

Il faut dire que nous n'engageons pas toujours les bonnes parties de notre cerveau lors du processus décisionnel. De bonnes décisions nécessitent la participation de l'amygdale et du cortex frontal. L'amygdale est le centre émotif du cerveau où se trouve emmagasinée toute l'information retenue depuis notre naissance. Elle nous met en garde contre les dangers ou dénouements potentiellement mauvais. Nos raisonnements les plus profonds et nos meilleures analyses se font au niveau du cortex frontal. Toutefois, sous l'effet du stress, l'amygdale prend le dessus et ne permet pas au cortex d'exercer sa fonction. C'est pourquoi nous prenons nos meilleures décisions lorsque nous ne sommes pas sous l'effet du stress.

Un bon jugement est un phénomène étonnamment émotionnel.

— Cathy Greenberg

Du point de vue des employeurs, cela veut dire qu'ils ont tout avantage à adopter une culture basée sur la confiance et le respect. Vos employés prendront des décisions plus éclairées et plus éthiques s'ils ne craignent pas de commettre une erreur. À la maison, en tant que mères, nous aussi prenons de meilleures décisions lorsque nous ne sommes pas soumises à trop de stress.

Regardons de plus près ce phénomène. La fonction qui utilise le cerveau tout entier nous délivre de la routine, nous permettant de donner libre cours à la créativité et à l'innovation. Lorsque vous prenez une décision en faisant appel à votre cerveau tout entier, vos lobes frontaux coordonnent et assimilent l'activité de votre cerveau et de votre système nerveux. Dans votre cas de mère qui travaille, ils vous aident par exemple à assurer la logistique entourant le groupe de covoiturage, mais aussi à trouver des jeux créatifs pour votre bambin ou à prendre de bonnes décisions au travail.

Lorsque les lobes frontaux sont au meilleur de leur rendement, le système nerveux est équilibré et harmonieux et nos émotions sont positives. C'est là un autre élément essentiel à notre bonheur.

LA MÉMOIRE, LES SENTIMENTS ET LA CONSCIENCE DE SOI

Ensemble, le cerveau et la moelle épinière forment notre principal système de détection et de réaction à notre environnement. Nous nous situons par rapport au monde principalement grâce à nos cinq sens de base : la vue, l'ouïe, le goût, le toucher et l'odorat. Ceux-ci, en retour, émettent des stimuli au cerveau par l'entremise de la moelle épinière. Ces deux organes qui abritent les principales fonctions du système nerveux sont constamment en alerte pour protéger le corps contre tout danger. Par le biais de boucles de rétroaction, ils transmettent des messages chimiques au cerveau, au cœur et aux muscles, ce qui entraîne des actions ou réactions du corps.

Au cours de l'évolution de l'homme, le cerveau s'est développé, se dotant de milliers de connexions aux boucles de rétroaction et de protection complexes pour nous stimuler et nous protéger contre les menaces perçues ou réelles. Par exemple, lorsqu'on touche du bout des doigts quelque chose de chaud, la réaction immédiate est de retirer rapidement la main pour éviter de se brûler. Cette expérience stimule la mémoire sensorielle et le contenu sensoriel de l'incident est sauvegardé dans le cerveau comme référence. Le fait de pouvoir puiser dans cette mémoire sensorielle permet de prendre de meilleures décisions dans l'avenir, soit dans ce cas précis, d'éviter de se brûler à nouveau.

Les souvenirs émotionnels sont le fruit de décisions et d'actions. Toutefois, à moins de cultiver cette intelligence émotionnelle, il peut être difficile de faire le lien entre les réponses physiologiques et les états émotionnels correspondants. On peut par exemple, étant en colère, ressentir de la pression dans l'estomac. Or à moins d'être suffisamment conscient de sa personne pour reconnaître que c'est une réaction du corps à la colère, on peut passer à côté d'indices cruciaux concernant son état émotionnel. La société nous a appris à dissocier nos décisions de leurs conséquences émotionnelles. Nous sommes censés «penser avec notre cerveau, pas avec notre cœur».

Cette séparation entre les émotions et la logique (*dissociation* pour employer le terme de psychologie) va à l'encontre de milliers d'années d'expérience humaine. Nos premiers ancêtres se fiaient énormément à leurs perceptions sensorielles et à leur système limbique pour survivre. Lorsqu'ils se sentaient menacés, le sentiment de peur les poussait à agir et à fuir, à contrattaquer ou à agir d'une façon ou d'une autre pour supprimer la menace ou s'en éloigner. De la même façon, devant de bonnes occasions de manger ou de trouver refuge, ils agissaient en fonction des émotions positives associées à ces activités. Autrement dit, ils se fiaient au contenu émotionnel de leur expérience passée pour prendre des décisions qui amélioraient leurs chances de survie.

LES DÉCISIONS GUIDÉES PAR DES DONNÉES

De nos jours cependant, les décisions auxquelles nous nous fions pour « survivre » sont souvent déterminées par des données, des méthodes analytiques et des hiérarchies organisationnelles.

Dans un monde de plus en plus guidé par la connaissance et l'information, cela est logique jusqu'à un certain point. Par exemple, lorsqu'on évalue ses possibilités en vue de sa survie financière, on s'appuie moins sur ses émotions que sur l'évolution de son portefeuille et les tendances du marché.

Pourtant, nous reconnaissons tacitement que dans bien des cas, particulièrement les plus complexes et les plus urgents, la bonne décision ne se limite pas à la raison pure. Ainsi, nous entendons d'éminents décideurs du monde des affaires comme l'ancien PDG de General Electric Jack Welch attribuer une grande part de leur succès à leur capacité de prendre des décisions en se fiant à leur intuition et à leur flair. Ce qu'indiquent ces deux expressions, c'est que l'analyse rationnelle que fait le décideur d'une situation est appuyée, clarifiée et intensifiée par les émotions entourant cette analyse. Ces émotions peuvent en fait faire basculer une décision dans un sens comme dans l'autre. Même si toutes les données peuvent sembler faire pencher la balance en faveur d'une décision, en tant que décisionnaire, que vous soyez PDG d'une grande société ou gestionnaire de votre foyer et de votre famille, vous pouvez la rejeter si votre intuition s'insurge contre elle. Par contre, la décisionnaire qui prend une décision en dépit de signaux émotionnels et physiologiques de mise en garde peut regretter sa décision et n'a plus qu'à admettre qu'elle aurait dû se fier à son instinct.

PLUS FACILE À DIRE QU'À FAIRE

Même si une personne reconnaît la valeur d'une prise de décision intelligente sur le plan émotif, il est quand même parfois difficile d'évaluer son propre état émotionnel, particulièrement lorsqu'on est sous l'emprise du stress. Ce qui complique les choses, c'est que le stress se manifeste souvent justement au moment où il y a une décision importante à prendre. Heureusement toutefois, les êtres humains ont la capacité d'apprendre à gérer l'information de façon à intégrer les intelligences rationnelle et émotionnelle, même devant l'adversité. Les décisions sont alors prises en fonction d'une analyse factuelle appuyée par des valeurs profondes, ce qui en fait les meilleures décisions possible. Pratiquement toutes les femmes que nous avons interviewées nous ont dit que le fait d'avoir des enfants a modifié leur système de valeurs et influencé leurs décisions. Par exemple, les questions de sécurité et de santé (la vôtre et celle de vos enfants) deviennent capitales. Lorsqu'on est jeune et célibataire, on est prêt à courir des risques. Quand on devient mère, on est moins encline à en courir.

Le bonheur et le succès

Certains chercheurs, dont Sonja Lyubomirsky, ont aussi établi un lien entre le bonheur et le succès, et dans cet ordre, d'après l'American Psychological Association, organisme basé à Washington, D.C., représentant le secteur industriel. Il avait été présumé dans les recherches antérieures que le bonheur *faisait suite* au succès et aux réalisations, selon Mme Lyubomirsky qui a dirigé l'étude en collaboration avec les coauteurs Laura King, docteure en philosophie de l'université du Missouri à Columbia et Ed Diener, aussi docteur en philosophie de l'université de l'Illinois à Urbana-Champaign, et l'institut Gallup.

Mme Lyubomirsky affirme qu'il semble que ce ne soit pas toujours le cas. L'affect positif n'est qu'un des éléments pouvant entraîner des comportements orientés vers le succès. D'autres ressources comme l'intelligence, la famille, l'expertise et la condition physique ont aussi un rôle à jouer dans le succès des gens. « Notre rapport révèle sans équivoque que bien souvent le bonheur ne découle pas du succès, mais le précède, ajoute-t-elle, et que les personnes heureuses ont plus de chances d'avoir une vie de couple et des amitiés gratifiantes, des revenus élevés et un rendement supérieur, d'être actives dans leurs collectivités et en bonne santé, et même de vivre plus longtemps que les autres. » Autrement dit, comme les personnes heureuses se réalisent pleinement, elles s'acquittent bien de leurs tâches et réussissent.

Le bonheur et le stress

Le stress, comme le bonheur, a une signification différente pour chacun. Ce qui cause du stress à une personne, que ce soit physiquement, mentalement ou émotionnellement peut ne pas en causer à une autre. Une chose est certaine : trop de stress coûte cher, sur le plan personnel (du point de vue de la santé, de la famille et des relations) et professionnel où il se mesure en milliards de dollars par année en perte de productivité et en soins de santé.

Les données scientifiques indiquent qu'un niveau de stress excessif peut provoquer non seulement des maux de tête, mais aussi des ulcères, des accidents vasculaires cérébraux, de l'hypertension artérielle, de l'artériosclérose (durcissement de la paroi des artères) et même la mort. Le stress est une cause de divorce en plus d'avoir des effets négatifs sur les enfants. Il vous affecte mentalement, émotionnellement et physiquement, faisant bien sûr dérailler votre bonheur. Croyez-le ou non, un dirigeant (homme ou femme) en retard pour une réunion peut présenter le même rythme cardiaque affolé, la même pression artérielle excessive et la même décharge d'hormones que s'il se faisait agresser par un voyou armé d'un couteau ! Vous avez là un exemple de l'interaction dans toute sa splendeur du cerveau et du corps. Lorsque le stress se perpétue, le cœur et les hormones étant surstimulés, le corps devient plus sujet à la maladie.

Le bonheur et la science

La science définit le stress de plusieurs façons : une réaction cognitive, émotionnelle, biophysique ou comportementale à une menace véritable ou perçue. Le cerveau dit au corps qu'il est assiégé – que le fourneau est chaud, pour utiliser l'exemple précédent – et le corps, sans se demander s'il pourrait y avoir de sa part une perception erronée, une exagération ou une déformation, réagit automatiquement – ordonnant à la main de se retirer de l'objet brûlant.

Dans le cadre de l'approche cognitive, le stress est ce que l'on obtient lorsque la réalité diffère de ses attentes.

Peu importe la définition retenue, personne ne peut se réaliser sous l'effet d'un niveau de stress extrême, quoi qu'on puisse en dire et peu importe que ce stress soit lié au travail, à la maison ou aux deux.

Une histoire de poisson

Vous êtes-vous déjà demandée pourquoi les saumons meurent après avoir frayé ? C'est qu'une fois qu'ils ont remonté la rivière jusqu'à la frayère, leurs surrénales deviennent hyperactives des suites de leur épuisement. Ce cycle ininterrompu provoque l'arrêt de leurs mécanismes internes tandis que les surrénales continuent de fonctionner à plein rendement. Les saumons meurent donc de surstimulation.

Si par contre, on leur retire les surrénales immédiatement après le frai, ils continuent de vivre une vie heureuse en attendant de prendre leur retraite dans leur ruisseau natal.

L'influence positive

Selon plusieurs recherches scientifiques, des émotions positives comme le bonheur peuvent réellement apporter des changements positifs au corps.

En 2005, le Dr Michael Miller de l'école de médecine de l'université du Maryland a démontré pour la première fois que le rire est bénéfique à la fonction sanguine. Il semble qu'il force la paroi interne des vaisseaux à se dilater en réponse à l'accroissement du flux sanguin[6].

Le pouvoir de la musique

Tout comme rire, le fait d'écouter de la musique gaie peut améliorer votre santé cardiaque. C'est ce qu'affirme l'équipe de chercheurs dirigée par Michael Miller, M.D., directeur de cardiologie préventive au centre médical de l'université du Maryland et professeur adjoint à l'école de médecine de l'université du Maryland à Baltimore.

La musique gaie, comme le rire, provoque la dilatation de la paroi interne des vaisseaux dans le but d'augmenter le flux sanguin, selon le Dr Miller qui a aussi dirigé l'étude de 2005 sur le rire.

Par contre, une étude effectuée en 2008 sur la musique stressante a montré un rétrécissement des vaisseaux sanguins de ses participants. Comme chacun a ses préférences en matière de musique, les participants pouvaient faire leur propre choix en fonction de leurs goûts. « Nous ne comprenons pas ce qui fait qu'une personne puisse être attirée par un certain type de musique classique. Même sans paroles, le rythme, la mélodie et l'harmonie pourraient jouer un rôle dans la réaction émotionnelle et cardiovasculaire », affirme le Dr Miller.

Cet impact physiologique pourrait aussi influencer l'activité des substances chimiques du cerveau appelées endorphines. « Les émotions tellement vives suscitées par l'écoute active de musique ont sans doute deux raisons d'être : d'une part la sécrétion d'endorphines, d'autre part le lien entre le cœur et l'esprit », dit le Dr Miller[7].

Selon une étude menée à l'université de Pittsburgh, les femmes déprimées et en colère pourraient bien augmenter leurs risques d'être atteintes d'artériosclérose et feraient des choix de vie qui la provoquent. La cigarette, une mauvaise condition physique et de faibles taux de bon cholestérol sont des facteurs de risque élevé[8].

Des études menées par le psychologue Sheldon Cohen, Ph.D., professeur de psychologie à l'université Carnegie Mellon de Pittsburgh, indiquent également que le stress et les réactions émotionnelles négatives ont des effets sur la réaction immunitaire de l'homme. C'est simple : le bonheur stimule votre système immunitaire et peut vous aider à éviter le rhume[9].

Créez-vous des listes d'écoute de musique gaie

Créez sur votre baladeur MP3 des listes d'écoute de musique gaie que vous écouterez sans faute au moins une fois par jour. Choisissez le type de musique qui vous égaie. Rien ne vous empêche de créer plusieurs listes : une de gaieté ardente, une de gaieté plus sereine et ainsi de suite.

La psychologie positive

La psychologie positive met l'accent sur les bons côtés de l'être humain, non pas sur les mauvais. Elle repose sur un modèle de possibilités et de prospérité plutôt que sur la maladie et le dysfonctionnement. Comme son nom l'indique, la psychologie positive met l'accent sur le bonheur et sur les forces de l'individu plutôt que sur ses faiblesses. En focalisant sur ce que nos modèles psychologiques, notre vie, notre carrière et notre famille ont de bon et en analysant notre raison d'être à la lumière de notre situation actuelle, nous pouvons faire de grands progrès en matière de conscience de soi, d'amour de soi – en reconnaissant que le travail et la maternité ne sont pas conflictuels – et être plus positives. Adopter un comportement positif favorise effectivement les fonctions du corps, du cerveau et du cœur, ce qui en retour entraîne une vie plus heureuse et plus satisfaisante.

Les émotions positives sont essentielles
à l'épanouissement humain.

— Barrett Avigdor

Corey Lee M. Keyes, Ph.D., professeur adjoint du département de sociologie de l'université Emory à Atlanta, est partisan d'une amélioration et d'une évaluation de la santé mentale ou de l'épanouissement basées sur le positif plutôt que le négatif. Il est aussi, avec Jonathan Haidt, coauteur de *Flourishing: Positive Psychology and the Life Well-Lived*. Selon lui, l'épanouissement est le résultat du sentiment de bien-être ressenti sur les plans émotionnel, psychologique et social qui peut entraîner vigueur et vitalité, auto-détermination, développement personnel continu, relations enrichissantes, ainsi qu'une vie intéressante menée avec détermination[10].

Suivant cette approche, on peut définir le verbe *s'épanouir* comme le fait de « vivre dans un périmètre optimal de fonctionnement humain qui évoque la bonté [...] la croissance et l'endurance », selon Barbara L. Fredrikson, université de Caroline du Sud à Chapel Hill et Marcial F. Losada, Universidade Católica de Brasília. En se basant sur leurs recherches, ceux-ci proposent une série de principes mathématiques pouvant décrire les liens qui existent entre l'affect positif et l'épanouissement personnel[11].

Intelligence du cœur et bonheur

Les chercheurs étudient aussi les méthodes physiologiques employées par le cœur pour communiquer avec le cerveau en vue d'influencer nos agissements, nos sentiments et notre rendement. L'équipe de Boulder Creek, institut du centre de recherche HeartMath basé en Californie (www.heartmath.org) définit l'intelligence du cœur comme « le flux de conscience, de compréhension et d'intuition que nous ressentons lorsque notre esprit et nos émotions sont alignés de façon cohérente avec notre cœur. On peut l'activer soi-même à force d'entraînement et plus on est attentif aux messages de son cœur, plus on est apte à profiter de son intelligence et de ses conseils ».

Les membres de cet institut insistent sur l'importance de la cohérence en ce qui a trait à notre bien-être individuel sur les plans physique, spirituel, émotionnel et personnel. Voici ce qu'ils disent : « La cohérence au sein de tout organisme, y compris le corps humain, c'est la connexité logique, méthodique et harmonieuse entre les différentes parties. Comme en physique, lorsque nous sommes en état de cohérence, il ne se perd pratiquement pas d'énergie parce que notre organisme opère de façon optimale, et notre cœur, notre cerveau, notre système respiratoire, notre pression artérielle, notre fréquence cardiaque et autres fonctions sont synchronisés. Lorsqu'on parle de cohérence cardiaque, on parle de modèles de rythme cardiaque régulier et harmonieux. La cohérence est à l'origine de nombreux bienfaits tels des niveaux d'énergie élevés mais paisibles, des idées claires, un équilibre émotionnel et un bon fonctionnement du système immunitaire. Nous sommes tous capables de trouver, de maintenir et d'augmenter cette cohérence [...] grâce à des sentiments positifs volontaires comme la compassion, l'affection, l'amour et ainsi de suite. Par contre, nous pouvons rapidement devenir incohérents lorsque nous adoptons des comportements négatifs comme la colère, la peur et l'angoisse. »

L'institut Heartmath est l'un des principaux organismes qui étudient ces mécanismes physiologiques portant sur les liens entre le cœur et le cerveau.

Les émotions négatives créent une dissonance au sein du rythme cardiaque et du système nerveux autonome. Cette discordance augmente le niveau de stress des oreilles et autres organes. Encore une fois, le bonheur est essentiel à votre santé et à votre bien-être, que ce soit sur le plan physique, psychologique, émotionnel ou maternel.

Bilan : exercices à expérimenter

Prenez des décisions avec votre cerveau entier

Les femmes sont bien connues pour leur sens de l'intuition que l'on peut définir plus scientifiquement comme le fait de penser avec son cerveau tout entier. Celui-ci est composé de plusieurs parties. Le cerveau mammalien ou limbique contrôle notre système limbique, soit notre respiration, notre activité cardiaque et les fonctions de notre système nerveux. Vous connaissez le système limbique par son petit nom : l'instinct. Le fonctionnement cognitif se fait principalement au niveau des lobes frontaux, également connus sous le nom de cerveau « exécutif ». Or les meilleures décisions sont celles que nous prenons avec notre cerveau entier. Cela peut sembler évident. Pourtant, nous ignorons souvent nos émotions, ces signaux qui nous viennent de notre système limbique, et prenons des décisions en nous servant seulement d'une partie de notre cerveau. L'exercice qui suit vous montrera comment écouter votre corps afin de déchiffrer vos messages de pressentiment et comment les mettre au service de bonnes décisions. Vous aurez besoin d'un minuteur, d'un stylo ou d'un crayon et d'une chaise installée dans un coin tranquille.

1. Asseyez-vous confortablement, les mains et les jambes décroisées et détendues. Assurez-vous que votre carnet de notes et votre stylo sont à portée de main.

2. Réglez le minuteur à trois minutes.

3. Fermez les yeux et imaginez, de façon aussi détaillée que possible, une situation de travail qui a suscité en vous une réaction émotionnelle négative significative. Le but ici est de vous aider à reconnaître les signaux négatifs que vous envoie votre corps. Il peut s'agir d'une discussion avec un patron ou un collègue ou encore d'une réunion au cours de laquelle vos idées ont été discréditées ou ignorées. Divisez ces trois minutes en trois phases distinctes. Pendant la première, concentrez-vous sur l'aspect émotionnel de cette expérience. Pendant la deuxième, pensez aux réponses physiologiques à votre réaction émotionnelle. Quant à la troisième minute, consacrez-la à la revue et à la réorganisation mentale de vos réponses physiologiques afin d'être en mesure de les inscrire lorsque les trois minutes seront écoulées.

4. Le temps est écoulé. Dressez une liste des réponses physiologiques engendrées par ce souvenir. Vous pouvez aussi partir d'une liste préétablie d'un certain nombre de possibilités. Une fois l'aspect émotionnel de l'exercice terminé, cochez les réponses physiologiques ressenties. Assurez-vous cependant de laisser de la place pour les réponses que vous auriez pu oublier dans votre liste préétablie.

Votre liste pourrait ressembler à ceci :

- Respiration rapide
- Respiration superficielle
- Rythme cardiaque accéléré
- Tension musculaire (indiquer l'endroit du corps concerné)
- Bouche sèche
- Salivation
- Bourdonnements
- Pression dans l'estomac
- Sensation de trac

5. Maintenant, répétez cet exercice, cette fois en vous concentrant sur un souvenir positif. Imaginez une occasion heureuse au travail, plus précisément une situation lors de laquelle une de vos actions a eu l'aboutissement souhaité. Encore une fois, dressez la liste de vos réactions physiologiques :

- Relaxation (notez les muscles concernés)
- Sentiment de légèreté
- Impression d'être entière
- Respiration aisée
- Sourire involontaire
- Regain d'énergie

6. Maintenant que vous avez une liste de variables pour vous rappeler vos réponses physiologiques à des états émotionnels positif et négatif, vous devez décider des mesures à prendre dans un avenir rapproché.

7. Asseyez-vous confortablement et détendez-vous. Servez-vous de votre imagination pour visualiser votre vie lorsque vous aurez appliqué les possibilités qui s'offrent à vous. Essayez d'en dresser un tableau aussi détaillé que possible.

8. Prenez trois minutes pour réfléchir à vos réponses physiologiques. Inscrivez vos impressions, puis comparez vos réponses à celles des listes précédentes. Ressemblent-elles à celles que vous avez associées au souvenir positif ou négatif ? Si vous avez obtenu un nombre nettement supérieur de réponses positives, vous savez que vos lobes frontaux et votre système limbique sont en harmonie avec votre choix ; vous avez réfléchi avec tout votre cerveau. Par contre, si vos réponses s'apparentent aux réactions physiques de malaise associées à votre souvenir négatif, vous savez que votre instinct vous dit de rejeter cette option, peu importe si elle vous semble rationnelle. Si vos réponses ne vont manifestement ni dans un sens ni dans l'autre, vous n'êtes pas prête à prendre cette décision et devez réunir davantage de données factuelles ou émotionnelles.

Chapitre 3

L'abc du bonheur des mères qui travaillent

Les mamans qui travaillent ont compris qu'elles peuvent bel et bien obtenir ce qui compte le plus pour elles.

— Sherry Brennan, mère et vice-présidente du service de stratégie et de promotion des ventes de Fox Cable Networks

Pour être la meilleure personne possible pour nos enfants, notre famille, nos collègues et nous-mêmes, nous avons toutes besoin de suivre l'abc du bonheur en étant :

En bonne santé physique et mentale

D'adaptation facile : un quotient d'adaptabilité élevé et une bonne santé facilitent votre capacité d'adaptation

Fières de notre famille et capables d'en tirer de la joie, telle qu'elle est actuellement.

Fières de notre travail, sans nous sentir coupables, car il fait partie de nous.

Jeunes de cœur, capables de trouver de la joie dans tout.

Voilà notre modèle de bonheur. À partir de ces cinq traits de caractère émerge une série de comportements à effet domino qui nous inspirent positivement en vue d'une vie joyeuse et enrichissante.

Regardons de plus près chacun de ces éléments.

Santé physique et mentale

Votre bien-être, c'est votre responsabilité. Vous êtes la PDG de l'entreprise qu'est votre corps et il vous appartient de donner le ton, de diriger les opérations et de prendre les bonnes décisions afin de stimuler votre bilan, soit votre santé.

Les aliments et l'humeur

Ce que vous mangez influe sur la façon dont vous vous sentez, car les substances chimiques du corps réagissent en fonction de ce que vous ingérez, selon l'American Dietetic Association. Le stress par exemple peut provoquer des envies de glucides, car ceux-ci stimulent la sérotonine qui a un effet calmant[1].

En détail

Un corps sain a besoin d'une bonne alimentation, d'une quantité suffisante de sommeil, d'un programme d'exercice régulier et de dix à douze minutes de tranquillité tous les jours.

Pause d'autoaccompagnement : objectif santé

Prenez quelques minutes pour répondre à des questions importantes concernant votre définition d'une bonne santé physique et mentale :

- Quels sont mes objectifs en matière de santé ?
- Est-ce que je prends soin de ma santé et de mon bien-être ?
- Comment est-ce que je me sens quand je suis en bonne santé ?

- Comment pourrais-je améliorer mon mode de vie ?
- Que puis-je faire pour augmenter mon bien-être ?
- Que dois-je exiger des autres pour atteindre mes objectifs ?
- Pourrais-je modifier mon emploi du temps afin de le mettre au diapason d'un mode de vie plus sain ?

Alimentez votre cerveau, ne sous-alimentez pas votre corps

Il est plus facile de bien manger si vous vous concentrez sur les aliments qui sont bons pour votre cerveau et votre cœur. Certains organismes comme l'American Heart Association, l'American Dietetic Association (www.eatright.org) et le gouvernement des États-Unis, dont les départements de l'Agriculture, de la Santé et des Services sociaux (www.womens health.gov; www.health.gov/dietaryguidelines/default.htm) ont des sites faciles d'emploi remplis d'astuces et de conseils gratuits et qui offrent même des recettes pour vous aider à être en meilleure santé, et donc plus heureuse. Vous trouverez aussi d'excellentes informations gratuites dans *My Brain Health* de l'auteur à succès Daniel G. Amen, M.D., psychiatre spécialisé en imagerie cérébrale, professeur clinicien adjoint de psychiatrie et de comportement humain à l'Irvine School of Medicine de l'université de Californie et auteur de surcroît[2].

Prenez la résolution d'intégrer des aliments sains dans votre régime alimentaire au moins deux fois par semaine pour commencer. Il ne s'agit pas d'un régime minceur, mais d'un régime visant à vous donner l'énergie lucide et la santé de fer dont vous avez besoin pour être la meilleure possible au travail et à la maison.

Ce que vous mangez, le moment où vous mangez et la quantité que vous ingérez peuvent influencer votre niveau d'énergie. Les creux de l'après-midi, par exemple, peuvent être dus à des repas pris au mauvais moment ou à de mauvais choix alimentaires, selon l'American Dietetic

Association. La meilleure façon d'éviter ces fringales, c'est d'espacer les repas de trois ou quatre heures et de privilégier les protéines faibles en matières grasses et les glucides complexes.

Les aliments propices à une bonne santé cardiaque

D'après l'American Dietetic Association (www.eatright.org), un programme d'exercice régulier, les choix alimentaires appropriés et une bonne gestion du stress sont essentiels à une bonne santé cardiaque. Cet organisme à but non lucratif recommande aussi ce qui suit[3] :

- Limiter sa consommation d'aliments riches en graisses saturées qui peuvent faire augmenter le taux de cholestérol LDL (ou mauvais cholestérol).

- Augmenter sa consommation de protéines végétales, de poisson, de poulet et de produits laitiers faibles en matières grasses.

- Pour la cuisson, remplacer le beurre, la margarine et le shortening par de l'huile d'olive ou de colza, en quantité modérée.

- Quelques exemples d'aliments bons pour le cœur :

    - Les haricots, les pois et l'orge
    - Le soja et les aliments à base de soja (sauf l'huile)
    - Les fruits et les légumes
    - Le saumon, le thon, les sardines et le maquereau
    - Le raisin rouge et le jus de raisin noir
    - Les fruits à coques comme les amandes, les noix de Grenoble, les pacanes et les noisettes
    - Le thé vert ou noir
    - Les oignons, les oignons verts, les échalotes, l'ail et les poireaux

Ce que vous mangez influe énormément sur vos fonctions cérébrales et cardiaques, affirme le Dr Amen qui, dans *Making a Good Brain Great* (Harmony, 2005) recommande certaines mesures pour améliorer votre santé cérébrale :

- **Buvez beaucoup d'eau :** soit 2,5 litres, ce qui équivaut à neuf verres et demi (**Conseil** : Ayez toujours une bouteille d'eau à portée de main dans votre voiture et prenez une gorgée chaque fois que vous êtes arrêtée au feu rouge.)

- **Consommez de bonnes matières grasses :** malgré toute la campagne anti-gras, votre corps a besoin de matières grasses pour bien fonctionner. Le secret, c'est de limiter votre consommation de mauvais gras, en règle générale ceux de nature animale, y compris les produits laitiers, la viande rouge et le porc. (**Conseil** : lisez les étiquettes et remplacez le beurre par de l'huile d'olive.)

- **Suppléez votre alimentation en antioxydants :** prenez une bonne préparation de multivitamines contenant 800 mg d'acide folique, 50 mg de B6 et 500 à 1000 mg de B12. (**Conseil** : si vous avez de la difficulté à vous concentrer ou un faible niveau d'énergie, essayez d'ajouter à cela 60 à 120 mg de ginkgo biloba tous les jours.)

- **Équilibrez vos repas sur le plan des protéines, des bonnes matières grasses et des glucides :** pour rester en bonne santé, notre corps a besoin d'un apport équilibré de ces trois types d'aliments. (**Conseil** : mangez « coloré ».)

- **Améliorez votre santé grâce à des aliments bons pour le cerveau** comme le saumon sauvage, le poulet, la dinde, les œufs, le tofu, les produits du soja, les produits laitiers faibles en matières grasses, les haricots secs, les fruits à coques, les graines, les baies, les oranges, les cerises, le brocoli, l'avoine, le blé entier, le germe de blé, les poivrons rouges, les épinards, les tomates et les ignames. (**Conseil** : essayez d'en consommer au moins un par jour.)

- **Réduisez votre apport en calories :** selon certaines recherches, les personnes qui ont un apport calorique de 1800 calories ou moins par jour vivent plus longtemps et en meilleure santé. (**Conseil** : choisissez entre vivre plus longtemps ou repue.)

- **Dormez suffisamment :** selon les chercheurs, les personnes adultes ont besoin de huit heures de sommeil par nuit. (**Conseil** : s'il s'agit de choisir entre regarder la télévision, vérifiez vos courriels ou dormir, optez pour le sommeil.)

- **Méditez :** ne penser à rien pendant quelques minutes tous les jours est très calmant et énergisant. Selon le Dr Amen, douze minutes de méditation au quotidien sont importantes pour maintenir son cerveau en bonne santé. (**Conseil** : une méthode simple de méditation consiste à s'asseoir confortablement et, les yeux fermés, à se concentrer sur sa respiration. Essayez de ne penser à rien. Soyez consciente des pensées qui vont et viennent dans votre esprit, mais sans vous y arrêter. Calmez votre esprit au moyen de votre respiration.)

- **Exercice :** visez au moins une trentaine de minutes d'exercice aérobique léger à modéré tous les jours. (**Conseil** : voyez si votre fournisseur de service de câblodistribution offre des cours d'exercice sur demande.)

Un dernier mot sur l'exercice : même si vous oubliez ses bienfaits sur le plan médical et esthétique, l'exercice réduit le stress au travail et à la maison. Les mille et quelques mères au travail à qui nous avons demandé, dans le cadre de nos recherches, ce qu'elles faisaient pour contrer le stress ont répondu massivement « de l'exercice ». Puis, en deuxième place venait « faire du magasinage… seule ».

Vous ne devez pas forcément consacrer beaucoup de temps à l'exercice. Debbie Rocker, entraîneuse en conditionnement physique de Los Angeles auparavant professionnelle en athlétisme, en cyclisme et en cardiovélo a une excellente solution pour les mamans en manque de temps : il s'agit de WALKVEST®. Imaginez une veste de pêche garnie de nombreuses petites poches conçues pour recevoir des poids d'un kilo. En ajoutant du lest à votre veste, vous obtenez de bons résultats simplement en vous déplaçant dans la maison, en poussant une poussette ou en faisant les courses. C'est un outil formidable pour les mamans qui veulent perdre du poids avant et après leur grossesse, et retrouver rapidement leur forme physique. (Rendez-vous sur www.walkvest.com pour voir la WALKVEST® de Debbie Rocker.)

Patty, infirmière et mère de trois enfants, ne connaît que trop bien la différence entre se sentir en bonne santé ou non. « Quand mes fils étaient jeunes, j'étais tellement à bout que j'ai laissé tomber toutes les activités sportives qui me plaisaient. Je me sentais coupable à l'idée d'aller courir une heure alors que j'avais déjà tellement peu de temps à leur accorder. Le résultat, bien sûr, c'est qu'étant toujours éreintée et à cran, je n'étais pas la meilleure personne possible pendant les moments que nous passions ensemble. » L'année suivante, Patty a fait des changements. Elle s'est organisée pour travailler plus tard afin de consacrer davantage de temps à ses fils pendant leurs heures d'éveil. Elle s'est aussi réservé au moins une heure, cinq jours par semaine, pour courir ou faire du vélo ou du yoga. « Maintenant, je suis redevenue la personne que j'étais. J'ai plus d'énergie et je suis de meilleure humeur. Je sens que l'exercice est un investissement dans ma vie de maman, d'épouse et d'infirmière. »

Votre santé émotionnelle

Une mère au travail requiert des tonnes d'énergie, ce qui signifie une bonne santé émotionnelle. Or cette énergie et cette santé promotionnelle nous viennent en grande partie de notre entourage. Même si recevoir un gros câlin de son enfant est très énergisant, en réalité il en faut plus pour que notre santé émotionnelle au travail et à la maison se porte bien.

L'histoire d'une mère

Jessica a trois emplois à plein temps. Maman et PDG de son ménage, elle mène aussi une carrière d'auteure. Elle adore toutes ces fonctions, même si certains jours elle pourrait crouler de fatigue. Et où Jessica puise-t-elle principalement son énergie illimitée ? « Ma fille me prend dans ses bras et, me serrant très fort, me dit “Maman, prépare-toi à recevoir de l'énergie” ! C'est ça, mon bonheur. »

Exploiter l'énergie

L'effet de votre entourage sur votre santé émotionnelle pourrait vous surprendre. Pour vous rendre compte à quel point cela est vrai, prêtez-vous à l'exercice sur l'énergie.

Pause d'autoaccompagnement : contrôle de l'énergie

Sur une feuille de papier, créez deux colonnes que vous intitulerez respectivement de gauche à droite « + » et « - ».

À gauche, dressez une liste des personnes qui vous donnent de l'énergie. Ce sont celles qui vous procurent un sentiment de mieux-être, vous mettent de bonne humeur et vous donnent une image positive de vous-même et du monde. Puis, dans la colonne de droite, indiquez le nom des personnes qui au contraire vous coupent votre énergie, c'est-à-dire celles qui, indépendamment de l'affection ou de l'amour que vous leur portez, ont tendance à saper votre énergie quand vous vous trouvez en leur présence.

Soyez cruellement honnête envers vous-même. Cette liste, après tout, ne sera vue que par vous.

Il peut arriver que certains noms se retrouvent dans les deux colonnes, dépendant du type d'interaction que vous avez avec ces personnes. Ne vous en faites pas ; inscrivez-les dans les deux colonnes en indiquant pourquoi.

Le contrôle de l'énergie brosse un tableau clair des personnes de votre entourage qui vous apportent de l'énergie. Recherchez plutôt la compagnie des personnes listées dans votre colonne positive. Quinze minutes de conversation par jour avec l'une d'elles peuvent faire toute la différence quant à votre santé émotionnelle. Pour ce qui est des personnes qui sapent votre énergie, demandez-vous si vous ne pouvez faire autrement que d'avoir affaire à elles. Si ce sont des proches, disons un conjoint ou un associé, vous serez peut-être obligée de modifier votre relation ou votre façon de communiquer afin de vous protéger. Si vous ne pouvez ou ne voulez pas restreindre votre contact avec ces personnes, tâchez de leur faire comprendre ce qui sape votre énergie. Elles pourraient changer leur façon de vous parler, neutralisant de ce fait l'énergie négative. Si vous réussissez à cerner le côté corrosif de votre relation, vous pouvez établir certaines limites et réduire ainsi votre perte d'énergie.

L'histoire d'une mère

Claudia, mère au travail de deux enfants, se sentait au bout du rouleau. Son état d'âme était aggravé par un mari qui ne l'aidait pas.

« Pourquoi travailles-tu si fort pour une entreprise qui n'a rien à faire de ton bien-être ? Crois-tu vraiment que tes collègues te respectent davantage parce que tu négliges ta famille ? » lui demanda son mari un soir.

Claudia prit une grande respiration pour résister à l'envie de se disputer avec lui. Michael n'avait pas à lui parler aussi injustement. Elle faisait de son mieux pour élever leurs deux jeunes enfants tout en fournissant les 60 heures de travail exigées par son cabinet d'avocats.

Plus elle redoublait d'efforts, plus Michael semblait la critiquer. Il faut dire que c'est elle qui s'occupait de la gardienne, qui participait aux rencontres parents-professeurs et se libérait pour emmener les enfants chez le médecin. Bien que son salaire ait représenté plus de la moitié de leurs revenus, son mari la culpabilisait parce qu'elle assumait un emploi. Bien sûr, il travaillait fort lui aussi, mais alors qu'il rentrait toujours avant elle, il ne lui venait jamais à l'idée de faire le dîner ou de jouer avec les enfants. Lorsqu'elle rentrait à 19 heures, elle le trouvait assis devant la télévision, tandis que les enfants jouaient par terre près de lui.

Claudia se sentait seule et malheureuse. Elle n'arrêtait pas entre son travail et ses enfants. Elle n'avait pas une minute à elle et encore moins de temps à consacrer à son couple. Claudia avait l'impression d'avoir échoué en tant qu'avocate et mère.

Un soir, alors qu'elle faisait sa valise en préparation d'un voyage d'affaires le lendemain, toute la tension éclata. « Ne te donne pas la peine de revenir, lui dit Michael. Tu n'es jamais là de toute façon, alors va donc travailler 24 heures sur 24 comme tu le souhaites. »

« Ce n'est pas ce que je souhaite !, cria Claudia. J'essaie de tout concilier et je ne peux pas vraiment compter sur ton aide ! » Ils furent interrompus par les pleurs du bébé qui mirent fin abruptement à leur discussion.

Plus tard, s'étant mis d'accord sur le fait qu'ils avaient besoin d'aide extérieure, ils firent appel à un conseiller matrimonial. Ainsi réunis en terrain neutre, ils purent exprimer leurs attentes réciproques et les pressions ressenties en tant que parents qui travaillent.

Michael finit par comprendre qu'il exerçait une pression déraisonnable sur Claudia que ses commentaires négatifs blessaient terriblement. Claudia apprit qu'elle devait demander l'aide dont elle avait désespérément besoin. Il était irréaliste, d'expliquer le conseiller, de s'attendre à recevoir de l'aide sans en demander.

Claudia apprit aussi à prêter attention à ses valeurs et à respecter les choses qui lui importent en tant que mère et femme de carrière. Elle décida qu'il était plus important pour elle de passer davantage de temps en compagnie de ses enfants que de devenir associée en cinq ans. C'était là un rêve qu'elle chérissait, mais peu lui importait le temps qu'il faudrait pour y parvenir. Par conséquent, elle obtint de son patron la permission de travailler plus près de chez elle et de réduire la fréquence de ses voyages. Sa carrière fut ralentie, mais le jeu en valait la chandelle.

Claudia reconnut et accepta aussi le fait que les superfemmes, ça n'existe pas. Il suffit de faire son possible. Aujourd'hui, Claudia est une mère heureuse qui admire les exploits de ses enfants, et une épouse satisfaite qui aime son mari pour qui il est ; de plus, elle excelle dans sa carrière, même si elle n'a pas gravi les échelons aussi vite qu'elle l'avait planifié.

Le facteur de culpabilité

Le sentiment de culpabilité, force qui sape l'énergie, connaît des niveaux épidémiques parmi les mères qui travaillent. C'est particulièrement le cas dans certaines sociétés comme la société américaine où, selon la norme, les « bonnes mères » restent à la maison pour élever leurs enfants. Cette perception commence lentement à changer, tandis que les femmes sont de plus en plus nombreuses à se joindre à la population active, en partie pour des raisons économiques.

Depuis que les femmes sont venues grossir sérieusement les rangs de la main-d'œuvre à partir des années 1960, il n'a été question que d'enfants qui pâtissent du fait que leur mère travaille à l'extérieur. Comme vous le verrez plus en détail dans le prochain chapitre, les recherches – mais aussi les enfants de mères qui travaillent – indiquent exactement le contraire. Les enfants se portent bien et se sentent en sécurité lorsqu'ils vivent dans un environnement aimant et stable, peu importe que leur mère travaille ou non.

En plus de se sentir coupables, les mères qui travaillent doivent souvent œuvrer dans un environnement de travail conçu pour les hommes dont la conjointe reste à la maison. Or les exigences du milieu de travail sont souvent en conflit avec celles de la garde d'enfant. Cette situation évolue cependant, depuis que les entreprises sont de plus en plus nombreuses à adopter des emplois du temps flexibles et que le *Family and Medical Leave Act* permet à bon nombre de parents de prendre congé pour s'occuper des membres de la famille. Malgré cela, les femmes qui travaillent sont nombreuses à penser qu'elles doivent sacrifier leur carrière pour leurs enfants et se résigner à un cheminement au ralenti ou carrément au statu quo pour combler les exigences de leur famille.

Sofia, qui a 33 ans, a toujours su que même si elle avait des enfants – or aujourd'hui elle en a un et un deuxième en cours – elle voulait continuer de travailler et se réaliser sur le plan professionnel. La vie à Buenos Aires pose des difficultés, dit-elle, parce que la société latino-américaine s'attend à ce que les mères restent à la maison avec leurs enfants. « Lorsque je voyage dans le cadre de mon travail, ma mère et ma belle-mère me font des remarques. Elles sont d'une autre génération et ne peuvent pas comprendre ce que c'est que d'être une maman qui travaille.

Le travail me stimule personnellement et intellectuellement, et quand je suis chez moi, c'est du temps de qualité que je donne à mon fils. »

Si vous sentez monter en vous des pointes de culpabilité de mère qui travaille, demandez-vous en quoi vous avez contribué cette semaine à titre de :

- mère
- personne qui travaille
- épouse ou conjointe
- personne au foyer

Rappelez-vous que même les petites contributions peuvent avoir un impact au fil du temps. Si vous avez aidé votre enfant à découvrir quelque chose de nouveau ou si vous l'avez fait rire, c'est une contribution. Si vous avez aidé un collègue à accomplir quelque chose, c'est aussi une contribution.

L'adaptabilité

Toute maman qui travaille sait que le changement fait partie de la vie. Les horaires de travail changent ; les gardiennes déménagent ; les enfants tombent malades. Il suffit que vous pensiez que vous avez tout en main pour que ça change. Que votre vie en soit une de bonheur ou de stress dépend de la façon dont vous gérez le changement. Nous donnons à la capacité de nous adapter au changement le nom de QA ou quotient d'adaptabilité.

S'adapter ne veut pas dire donner aux autres jusqu'à ce qu'il ne reste plus rien pour soi. Vous avez peut-être déjà lu un livre pour enfants bien connu intitulé *Arbre généreux* (traduit de l'anglais *The Giving Tree*) du poète et auteur acclamé Shel Silverstein. C'est l'histoire d'un arbre spécial qui donne tout ce qu'il a à un petit garçon qu'il aime jusqu'à ne plus être qu'une souche.

La société nous dit qu'en tant que mères, nous devons être comme cet arbre. Nous sommes censées faire preuve d'un amour débordant et tout donner à nos enfants, sans aucune considération pour nous-mêmes, notre bien-être ou notre bonheur. On ne s'attend pas pourtant à ce que les pères renoncent à leur bonheur ou le reportent à plus tard – la société n'exige cela que des mères. Cependant, de telles attentes sont malsaines pour les mères comme pour les enfants. Les mères qui renoncent à leur propre bonheur risquent davantage de vivre à travers leurs enfants. Elles peuvent même devenir si présentes dans leur vie que, sans le vouloir, elles les empêchent de développer leurs propres capacités de se débrouiller.

À titre de mères, nous portons un amour inconditionnel à nos enfants. Tout comme l'arbre de l'histoire, nous sommes prêtes à tout pour qu'ils trouvent le bonheur et le succès. Cependant, nous nous devons à nous-mêmes, mais également à nos enfants et à nos collègues de travail de nous occuper aussi de nous. Pour être la meilleure personne que vous puissiez être, la plus énergique et la plus joyeuse, vous devez pouvoir vivre votre propre vie parallèlement à votre vie de maman. Pour beaucoup de femmes, le travail est une façon de préserver leur sens d'identité en tant qu'adultes et individus ; il leur permet, au-delà des heures de jeu et des livres d'histoires, de rester branchées sur le vrai monde.

Certaines mères voient dans le fait de rester à la maison pour élever leurs enfants la réalisation d'un rêve, d'une raison d'être. Nous les félicitons et les encourageons à poursuivre leurs rêves. Il reste que les mères ne sont pas seulement des mamans. Ce sont aussi des femmes adultes qui ont leur propre identité, leur propre raison d'être et leur propre vision face à la vie. Le bonheur vient en partie du fait de vivre la vie à laquelle vous pensez avoir été destinée, pas celle que la société ou la famille vous impose.

Le récit d'une mère

Addie Mae est une de ces rares femmes qui a concilié une vie de travail et la maternité, sans jamais perdre de vue ce qui lui importait le plus ; elle adore la vie et ça se voit. Maintenant à la retraite, cette mère au travail heureuse a élevé six enfants domiciliés au Texas, en Ohio, en Arizona et dans le Kentucky. Elle est aussi grand-mère de 26 petits-enfants, arrière-grand-mère de 38 et arrière-arrière-grand-mère de trois autres. La coauteure Cathy Greenberg l'a rencontrée lors d'un voyage en avion et nous raconte son histoire :

Originaire de Louisville, dans le Kentucky, Addie Mae grandit en pleine grande dépression. Son père quitta le foyer familial alors qu'elle n'avait que deux ans. Addie Mae se mit à travailler dès l'âge de 12 ans en gardant les enfants des mères de sa ville natale qui travaillaient. À 15 ans, suivant les traces de sa mère bien-aimée qui avait exercé la fonction de bonne à tout faire dans la famille de Helen Keller, elle entreprit un travail similaire après l'école.

Addie Mae a toujours regardé la vie du point de vue du potentiel. D'ailleurs, elle rayonne d'optimisme, d'espérance, de fierté et de joie.

Addie Mae prit un emploi dans une usine de caoutchouc en Alabama où elle travailla d'abord comme cuisinière. Au bout de 21 ans de service à titre d'employée payée à l'heure, de superviseuse et enfin de gestionnaire, elle prit sa retraite.

À l'âge de 58 ans, Addie Mae fréquenta avec enthousiasme et ferveur l'université de Florence en Alabama. L'apprentissage avait toujours été un plaisir pour elle. (C'est elle qui prononça le discours d'adieu lors de la remise des diplômes en 1947.)

Le jour où je l'ai rencontrée, Addie Mae revenait des funérailles de sa sœur Evelyn, mais vous ne l'auriez jamais deviné. Elle était rayonnante de vivacité et son sens de l'abondance débordait tandis qu'elle racontait sa vie. Elle me parla de sa maison, de là où elle aimait servir à ses convives ses recettes secrètes préférées de tarte maison aux pacanes, de tarte aux patates douces et sa sauce aux huîtres spéciale de l'Action de grâce accompagnée de pain de maïs.

Sa meilleure amie Sheila, âgée de 71 ans, l'aide à égayer ses journées tout comme la vie qu'elle mène entourée de ses nombreux amis de Green Valley, en Arizona.

Addie Mae a élevé avec succès ses enfants, et cela, seule pendant de nombreuses années. Sa stratégie ? Faire preuve de fermeté affectueuse et inculquer la joie d'aider son prochain. « Servir les autres est un privilège de la vie et j'essaie de rendre service à quelqu'un tous les jours », dit-elle. Interrogée sur les moments difficiles, en souriant elle répond : « La vie est ce que l'on en fait. »

Addie Mae s'est façonné une vie formidable, pour elle, mais aussi pour tous ses enfants. Lorsque nous descendons d'avion, un de ses fils est là à l'attendre. Addie Mae prend son bagage à main et la voilà partie. L'amour et l'admiration qu'on lit dans le regard de son fils sont une récompense bien méritée pour une mère qui a travaillé et qui s'est instruite, instruisant en chemin sa famille, ses amis et ses clients.

Ses paroles continuent de résonner dans mon esprit : « J'essaie de rendre service à quelqu'un tous les jours. » Cette idée me plaît. La mère au travail que je suis aimerait bien que ce soit une devise universelle. La vie serait tellement plus simple pour tout le monde ! Comme le dirait mon père : « Essaie de faire une bonne action gratuite aussi souvent que possible. » Encore à ce jour, je rajoute de la monnaie dans des parcmètres échus !

— Cathy Greenberg

Fière de votre travail et fière d'être mère

Nous ne nous attendons pas à ce que nos amis et collègues soient parfaits, pourtant nous sommes nombreuses à exiger la perfection de nous-mêmes. (Pour être honnêtes, nous souhaitons la trouver chez nos enfants aussi.)

Lorsque nous plaçons la barre à un niveau impossible à atteindre, la déception est inévitable. Pour être heureuses, nous devons être fières de ce que nous possédons. La fierté est le fruit d'un travail bien fait, pas nécessairement d'un travail parfait. Si vous apportez le meilleur de vous-même au travail tous les jours, soyez-en fière ; si votre enfant n'est pas le meilleur athlète ou l'écolier le plus brillant de l'école, mais qu'il est gentil et attentionné, soyez-en fière. La fierté est une forme de reconnaissance. C'est le sentiment de bien-être que l'on éprouve lorsqu'on apporte sa contribution sur le plan professionnel et maternel.

Si votre travail est aligné sur vos valeurs, il est plus facile d'en être fière. Par contre, vous devez commencer par définir clairement ces valeurs. (Prêtez-vous à l'exercice d'évaluation des valeurs au Chapitre 1.) De la même façon que vous ne vous attribueriez pas le mérite de tout ce que votre entreprise ou votre école fait de bien, vous ne devriez pas vous sentir responsable des choses qui vous déplaisent ou sur lesquelles vous n'avez aucun contrôle. Soyez fière de votre contribution personnelle directe. Vous ne maîtrisez tous les résultats ni sur le plan maternel, ni sur le plan professionnel ; vous ne pouvez donc pas vous en attribuer le mérite ou la responsabilité.

Comprendre ses valeurs personnelles

Les valeurs sont le fondement de notre sentiment de sécurité, en quelque sorte notre thermostat émotionnel. Elles sont la source de nos décisions, de nos priorités et de notre réaction à des questions importantes entourant notre vie. Le temps, l'énergie et l'argent étant des ressources limitées, les mères qui travaillent doivent décider tous les jours comment les dépenser. Si ces décisions correspondent à nos valeurs, tout va bien. Dans le cas contraire, nous nous sentons déchirées et coupables. Or le sentiment de culpabilité peut engendrer du stress qui à son tour peut miner notre efficacité et notre succès au travail comme à la maison.

Prenons Claudia dont il a été question précédemment. Avant qu'elle et son mari n'aient consulté le conseiller matrimonial, Claudia était rongée par un sentiment de culpabilité et sans cesse aux prises avec un conflit entre le travail et la maison. Ce n'est qu'une fois qu'elle a pu mettre au clair ses valeurs de mère et de femme de carrière qu'elle a pu prendre la décision volontaire de ralentir son cheminement pour passer plus de temps à la maison. Ayant fait part à son patron de sa décision, elle a pu trouver un emploi de temps qui convienne à tous les deux. À partir de ce moment-là, son bonheur a grimpé en flèche.

Il nous arrive trop souvent, à nous les mères, même devant un bon travail, de nous sentir insatisfaites vis-à-vis de nous-mêmes parce que nous n'avons pas atteint le niveau d'excellence que nous nous sommes fixé. Rappelez-vous que Super Mom, comme Barbie et Wonder Woman d'ailleurs, est un personnage fictif. Un bon travail n'est pas toujours un travail fait à la perfection. Nous pouvons accorder une valeur trop élevée à l'aboutissement idéal, et oublier de nous féliciter pour les aptitudes et les compétences nécessaires à la simple exécution de celui-ci ! Ce n'est pas grave que la vaisselle passe la nuit dans l'évier ou que vos enfants partent pour l'école dans une tenue vestimentaire mal assortie. Ce n'est pas grave non plus si vous n'obtenez pas le titre d'employée du mois, tant que vous faites votre travail consciencieusement et avec intégrité. Traitez-vous comme vous traiteriez votre meilleure amie : avec bonté, indulgence et générosité. Reconnaissez votre contribution, soyez réellement sensible à votre investissement et vous serez plus heureuse des résultats.

La maternité n'est pas un sport de compétition

Nous souhaitons toutes élever des enfants heureux, sûrs d'eux, aimants et respectueux. Cela représente une bonne part de ce que signifie la réussite pour une mère. Il arrive cependant, dans notre monde actuel très axé sur la compétition, que nous perdions de vue ces priorités. Élever une famille devient alors un sport de compétition : qui est le premier à marcher ; qui est admis au programme des élèves surdoués ; à qui appartient l'enfant vedette de basketball, de karaté ou de football ; à qui est l'enfant le plus populaire, celui qui participe au plus grand nombre d'activités, celui qui parle le plus de langues ? Vos enfants peuvent finir par être malheureux et vous en vouloir s'ils sont forcés de participer à des activités qui leur déplaisent (un sentiment qui ne vous est peut-être pas étranger). Qu'il s'agisse de vos enfants ou de votre propre vie, assurez-vous de bloquer ces voix de femmes qui voient la maternité comme une compétition.

Concentrez-vous plutôt sur la beauté de votre enfant et sur ce qu'il fait, et soyez-en fière. Vos priorités prendront une tout autre allure. Vos enfants feront du sport, de la musique ou d'autres activités parce que celles-ci leur plaisent, pas parce qu'ils y sont forcés. Leur succès scolaire sera défini comme le meilleur de leurs capacités, peu importe leurs notes. Vous serez peut-être quand même obligée de les pousser à travailler un peu plus fort ou à lire plus souvent plutôt que de jouer avec leur Xbox, mais vous leur apprenez à être qui ils sont, pas quelqu'un d'autre.

Jeune de cœur

Être jeune de cœur, c'est être joyeux et libre des fers de la négativité qui nous appesantissent et nous attristent. Peu importe votre âge, vous pouvez être jeune de cœur si vous remplacez vos pensées négatives par des pensées positives.

L'institut de HearthMath dont nous avons parlé dans le chapitre précédent a démontré que l'on peut améliorer sa santé en focalisant ses pensées sur l'amour et la reconnaissance. Au bout de près de 20 ans de recherche, on a découvert que lorsqu'une personne ressent de la compassion, de l'amour et de l'affection, son cœur bat à une cadence régulière et cohérente. À ce moment-là, le corps augmente sa production de DHEA, hormone aux propriétés d'antivieillissement qui nous redonne le sentiment de vitalité de nos jeunes années. Par contre, lorsqu'une personne est sous l'emprise de la colère ou du stress, son rythme cardiaque devient irrégulier et incohérent. Son corps augmente alors sa production de cortisol, hormone associée au diabète, à la dépression, à l'épuisement et à des tas d'autres maladies chroniques.

Il est naïf de penser qu'il ne peut pas arriver de malheurs. Bien sûr qu'il en arrive. Il est impossible d'être heureux à tout instant de la journée. Être jeune de cœur, c'est choisir le chemin positif chaque fois que c'est possible, être optimiste et s'attendre à de bons déroulements plutôt qu'à l'inverse. C'est aussi pardonner. La rancune génère en vous une quantité énorme d'énergie négative, vous causant du tort. Tenir rancune, c'est comme ingurgiter du poison et s'attendre à ce que ce soit l'autre qui soit malade. Laissez votre colère s'envoler. Appréciez les personnes qui vous sont chères et celles qui vous apportent aide et réconfort.

Pause d'autoaccompagnement : le pardon et les actions dignes de pardon

Il arrive des adversités tous les jours. On peut vous injurier, vous décevoir ou vous blesser. Si vous n'avez aucun contrôle sur le mauvais comportement des autres, vous pouvez par contre maîtriser votre réaction à ces comportements.

Vous pouvez opter pour la colère et la rancune, ou choisir l'approche positive. S'il s'agit de quelque chose d'important que vous pouvez changer, faites le nécessaire, autrement, laissez courir.

En vous cramponnant à votre colère et à votre ressentiment, vous sapez l'énergie précieuse que vous pourriez investir plus positivement dans la reconnaissance, l'apprentissage ou la guérison. Les réactions biologiques à la colère sont bien documentées, tandis que l'action de pardonner est encore en cours d'étude. Nous savons toutefois que l'acte émotionnel du pardon peut accélérer la guérison du bien-être spirituel, ce qui a aussi des répercussions sur la santé physique.

PRENEZ QUELQUES MINUTES POUR RÉPONDRE AUX QUESTIONS SUIVANTES, PUIS RÉFLÉCHISSEZ À VOS RÉPONSES.

Action
Imaginez que vous avez fait une remarque cruelle à une amie dans le feu d'une discussion. Comment vous sentiriez-vous à l'idée de l'avoir profondément blessée ? Que seriez-vous prête à faire pour réparer votre amitié ? Quels seraient vos sentiments envers vous-même et envers cette amie que vous avez blessée ?

Réaction
Imaginez que votre amie vous en veuille pendant quelques jours avant de vous pardonner. Comment vous sentiriez-vous une fois qu'elle vous aurait accordé son pardon ?

Révision
Et vous, comment montreriez-vous que vous pardonnez ? À quoi reconnaîtriez-vous un pardon ? À quoi les autres reconnaîtraient-ils un pardon ?

Action
Imaginez qu'on vous blesse volontairement et de façon irréfléchie. Par exemple, un collègue de travail lance à votre sujet une rumeur qui ternit votre réputation auprès des autres. Seriez-vous en colère ou blessée ? Concentrez-vous sur cette colère. Quelles sensations cette situation éveille-t-elle en vous ? Votre cœur bat-il particulièrement vite ? Sentez-vous monter votre pression ?

Maintenant, pardonnez à cette personne. Lâchez prise de votre colère, même si ce n'est que quelques instants. Imaginez-la en train de fondre comme une boule de neige au soleil. Respirez profondément en laissant votre ressentiment se dissiper. Vous avez peut-être raison et l'autre a peut-être tort, mais vous faites le choix de lui pardonner.

Révision
Comment vous sentez-vous maintenant que vous avez lâché prise de votre colère ? Votre cœur bat-il plus normalement ? Vous sentez-vous plus légère et plus détendue ? Le pardon vous procure-t-il une sensation plus agréable que la colère et le ressentiment ?

Aperçu
Si vous faites l'effort conscient de pardonner, vous améliorerez votre santé, votre bonheur et toutes vos relations, à titre de mère et d'individu, que ce soit à la maison ou au travail.

Exprimez tous les jours votre gratitude, que ce soit sous forme d'un simple « merci », d'une note ou d'une étreinte. Cela ne requiert pas un gros effort, et c'est bon pour vous !

Être jeune de cœur, c'est trouver de la joie dans les choses simples de la vie. Les vacances de luxe sont certes agréables, mais on ne peut pas concentrer sa joie sur deux semaines par année. Trouvez tous les jours de la joie dans le délicieux arôme de votre première tasse de café, dans le doux parfum des cheveux de votre fille quand vous lui souhaitez bonne nuit ou dans l'histoire que vous racontez à votre fils le soir avant qu'il s'endorme. Les joies se cachent dans tous les détails banals de la vie ; il suffit de les reconnaître.

Conseil en matière de bonheur : Apprenez à pardonner à vous-même et aux autres.

Bilan : exercices à expérimenter

Créez un mois de joie

Inscrivez le bonheur sur votre liste de choses à faire, littéralement. Dans votre calendrier, commencez à planifier du temps pour les activités qui vous aideront à vous sentir plus heureuse. Voici quelques idées, même si vous savez mieux que quiconque ce qui vous rend heureuse :

- Inscrivez-vous à un cours de yoga ou d'exercice et allez-y régulièrement.
- Organisez des promenades avec une amie.
- Faites, tous les jours, quinze minutes de méditation que vous répartirez ainsi si vous manquez de temps : 5 minutes le matin avant de sortir du lit, 5 minutes à l'heure du déjeuner et 5 autres le soir.
- Accordez-vous du temps pour vous concentrer et pardonner à quelqu'un qui vous a blessée.
- Dressez une liste de vos valeurs.
- Prévoyez du temps pour parler à une personne qui vous donne de l'énergie.

Techniques de relaxation

Il est important pour les mères qui travaillent d'apprendre à se détendre. Cette détente ne doit pas forcément vous coûter beaucoup d'argent ou de temps, mais elle peut faire toute la différence du point de vue de votre capacité de gérer votre vie dans la joie et le confort.

Voici quelques idées :

- **Temps de repos**
  - Utilisez le temps que dure le trajet entre la maison et le bureau comme moment de repos.
  - À la maison, servez-vous d'écouteurs à réduction de bruit.
  - Écoutez les bruits de la nature, de la musique gaie ou calmante sur un iPod ou autre type de baladeur MP3.

- **Temps de lecture**
  - Rendez-vous à la bibliothèque.
  - Rendez-vous dans une librairie.
  - Prenez un livre et allez lire au café du coin en prenant une tasse de thé ou de café.
  - Inscrivez-vous à un cercle de lecture ou créez-en un.

- **Films**
  - Dressez une liste de films qui vous procurent un sentiment de joie. Échangez votre liste avec vos amies.

- **Musique**
  - Trouvez de la musique qui vous procure un sentiment de bien-être et faites-la jouer sur votre baladeur.
  - Écoutez-la et laissez-la vous transporter tandis que vous marchez, faites de l'exercice ou vous détendez tout simplement dans la salle de repos de votre lieu de travail.

- **Théâtre**
  - Allez assister à une pièce de théâtre ou à un autre événement culturel de votre choix. Pourquoi pas la pièce jouée par les élèves de l'école de votre enfant ou par les acteurs du théâtre communautaire local ?

- **Sports et exercice**
  - Yoga
  - Pilates
  - Boxe
  - Trouvez-vous une partenaire d'entraînement
  - Cours de cardiovélo
  - Cours de relaxation
  - Étirement
  - Marche : peut se faire pratiquement n'importe où, n'importe quand

- **Un verre ou un dîner en compagnie d'une amie**

- **Thérapie de la vente au détail / magasinage** – seule, en famille ou avec des amies.

DES VOIX DE TOUTES PARTS

Si nous convenons du fait que 50 pour cent de notre bonheur est déterminé par une prédisposition et que nous avons la maîtrise des 50 pour cent restants, cet outil vous montrera comment vous entraîner à faire les choix qui vous mèneront à votre propre bonheur. Les bons choix deviennent particulièrement importants lorsque les conditions actuelles (C) sont difficiles. L'autoaccompagnement est une excellente façon d'augmenter son bonheur si l'on sait faire les bons choix pour soi-même.

Dès un bas âge, nous entendons toutes sortes de voix, certaines positives, d'autres moins. Pour citer des exemples, si celle de notre mère nous disant combien elle nous trouve mignonne ou formidable est positive, celle de nos grands frères et sœurs nous disant que nous devons les écouter ou leur obéir parce qu'ils sont nos aînés peut être négative. Nous sommes par ailleurs talonnées par notre propre voix qui nous fait douter de nous-mêmes. Certaines d'entre elles nous disent : Suis-je vraiment capable de faire ça ? Suis-je suffisamment intelligente ?

Parmi ces voix, il y a celle de la société selon laquelle il nous faudrait rechercher le bonheur dans le mariage et la maternité. Or le mouvement féministe a été à l'origine d'une nouvelle voix nous assurant que nous pouvons tout avoir. Vous rappelez-vous ce message publicitaire d'une femme qui rentre du travail avec les provisions, met le dîner en route et puis trouve le temps de faire plaisir à son homme ?

Notre objectif est d'écouter attentivement ces voix et de déterminer celles qui influencent réellement nos chances de succès et celles qui nous en détournent.

En tant que votre propre accompagnatrice, vous devez reconnaître les voix qui sonnent dans votre tête.

Vous devez aussi départager celles qui contribuent à vous rendre heureuse et celles qui constituent un obstacle au bonheur véritable.

Cet exercice vous aidera à faire taire les voix qui vous empêchent de trouver le bonheur.

Indiquez à côté de chaque voix si elle vous est favorable (F) ou défavorable (D). Cela vous aidera à déterminer l'effet positif ou négatif de chacune.

	F	D
Père	_____	_____
Mère	_____	_____
Beaux-parents	_____	_____
Grands-parents	_____	_____
Frères et sœurs	_____	_____
Amis	_____	_____
Professeurs	_____	_____
Mentors	_____	_____
Accompagnateurs	_____	_____
Conseillers	_____	_____
Autres (télévision, films, société)	_____	_____

Ayant précisé l'effet de ces voix, posez-vous les questions suivantes pour chacune :

- Devriez-vous écouter cette voix ?
- Quand ou en quelles circonstances a-t-elle de l'importance ?
- Que faudrait-il pour éliminer cette voix si elle ne vous sert pas et comment la retenir et l'appliquer si elle appuie réellement vos forces et votre souhait profond de réussite et de bien-être ?

Ayant bien établi ces précisions, vous pouvez commencer à mettre au point toute une nouvelle série d'accompagnateurs internes en vue de stimuler votre motivation.

Création de nouvelles voix et d'accompagnateurs internes

C'est un don du ciel que de savoir que l'on peut choisir les voix que l'on veut et sur lesquelles on peut compter !

Voici cinq étapes qui vous permettront de mettre au point un meilleur groupe d'accompagnateurs internes à partir des voix qui vous sont familières et qui peuvent vous sembler fiables :

1. Rédigez une nouvelle liste de voix qui vous procurent des émotions positives. Ces voix d'accompagnement internes peuvent se manifester lors d'une prise de décision, en présence de nouvelles circonstances ou encore lors de la planification d'activités ou d'objectifs quotidiens. Elles peuvent être porteuses de détails importants concernant votre santé personnelle, le soin des enfants, votre carrière ou des décisions d'ordre personnel.

2. Dressez une nouvelle liste en vous basant sur des relations ou des événements récents :

	F	D
Mari ou conjoint	_____	_____
Associé	_____	_____
Collègues	_____	_____
Amis	_____	_____
Fournisseurs de soins ou gardiennes	_____	_____
Soutien personnel	_____	_____
Médecins	_____	_____
Associés	_____	_____
Professeurs	_____	_____
Télévision	_____	_____
Mentors	_____	_____
Accompagnateurs	_____	_____
Revues	_____	_____
Autre	_____	_____

3. Prenez le temps de réfléchir aux paroles de ces différentes personnes et à l'effet qu'elles ont sur vous, vos émotions et votre capacité de réussir.

4. Indiquez à côté de chacun de ces accompagnateurs internes potentiels si leur voix vous est favorable ou défavorable.

5. Procédez à l'inventaire des voix qui ont l'effet le plus positif sur vous. Reconnaissez que ce sont celles-là que vous devez écouter et que celles qui ne vous influencent pas positivement doivent faire l'objet d'une analyse prudente.

Reconnaître que vous avez le choix de passer plus ou moins de temps en compagnie de ces accompagnateurs internes et d'investir ou non dans leur voix constitue la première étape. La seconde consiste à faire ce choix.

Chapitre 4

À quoi bon se culpabiliser?

La formation en leadership que procure la maternité
a autant de valeur que celle que l'on obtiendrait
en travaillant chez Goldman Sachs.
— Dee Dee Myers, secrétaire de presse de l'ancien président
Bill Clinton et auteure

Le sentiment de culpabilité est l'ennemi du bonheur. Or les mères qui travaillent en ont plus que leur part. Lorsqu'elles sont au travail, les mamans se sentent coupables de ne pas passer plus de temps avec leur famille et lorsqu'elles sont à la maison, elles se sentent coupables de ne pas être au travail. Or le sentiment de culpabilité mine et contrecarre le véritable bonheur de bien des mères qui travaillent:

- Je me sens coupable de laisser mon enfant à la garderie.
- Je me sens coupable de devoir quitter mon travail pour aller chercher mon enfant qui est malade.
- Je me sens coupable de demander à mon mari ou à mon conjoint de faire telle ou telle chose à ma place.
- Je me sens coupable de prendre une journée de congé pour mes besoins personnels.
- Je me sens coupable de prendre un jour de congé de maladie, car je devrais les accumuler au cas où mon enfant tomberait malade.

- Je me sens coupable lorsque je ne suis pas à la hauteur des attentes de mes pairs (autres mères ou cadres).
- Je me sens coupable lorsque je n'ai pas le temps de m'occuper de mon mari ou conjoint.
- Je me sens coupable de prendre du temps pour moi, même quand c'est du temps qui m'appartient.
- Je me sens toujours coupable !

Si ce sentiment de culpabilité ne vient pas du dedans, la société se charge de vous le transmettre. Malgré tous les progrès technologiques, nos mœurs nord-américaines n'ont pas beaucoup évolué sur ce plan et la façon de penser traditionnelle, à savoir « maman reste à la maison à temps plein avec les enfants pendant que papa travaille » demeure assez présente. Ces attentes sociales promettent aux mères qui travaillent une longue route de culpabilité qui peut prendre toutes sortes de directions. En effet, certaines mères peuvent choisir de quitter le marché du travail ; d'autres, de renoncer à leurs ambitions ou de les remettre à plus tard afin de suivre un cheminement de carrière leur permettant de passer plus de temps à la maison. Il y a enfin celles qui font à leur gré malgré ces tiraillements.

Yaarit Silverstone, mère au travail de longue date, se souvient de la pression ressentie lorsque son aînée, aujourd'hui âgée de 15 ans, était plus jeune. En raison de sa profession, Yaarit devait beaucoup voyager. Un jour qu'elle était allée chercher sa fille à la sortie de l'école, un des enseignants lui avait dit : « Votre fille est une enfant équilibrée, bien *malgré* vous, car les vraies mères bordent leurs enfants tous les soirs ! » Bouleversée par cette critique et par d'autres de ce genre, Yaarit envisagea de prendre un emploi dans une entreprise locale afin de limiter ses voyages d'affaires, mais en fin de compte le refusa. Elle savait qu'elle serait malheureuse dans un poste manquant d'excitation et de défis, et que son bonheur importait à sa famille et à l'entreprise pour laquelle elle travaillait. Elle conserva donc l'emploi qui lui apportait de la satisfaction professionnelle, même si cela signifiait qu'elle devait voyager plus qu'elle ne l'aurait souhaité à l'époque. Mère au travail heureuse, Yaarit est aujourd'hui directrice générale de la division de l'efficacité organisationnelle d'Accenture.

Comme le dit une gestionnaire supérieure qui a réussi à percer le plafond de la race et du sexe dans le milieu du travail : « Si je regrette une chose, c'est que personne ne m'ait jamais dit qu'une maman n'a pas à se sentir coupable de travailler. Toute ma vie, j'ai dû me battre contre mon sentiment de culpabilité, parce que je menais de front élever une famille et poursuivre une carrière. »

Conseil en matière de bonheur : le bonheur est le fruit d'une vie bien remplie et bien équilibrée qui vous accorde du temps pour les personnes qui vous sont chères, proches ou amis, pour de l'exercice, les célébrations et même des moments seule. Sans tous ces ingrédients, votre recette de bonheur ne peut pas réussir.

Pour se débarrasser une fois pour toutes de leur sentiment de culpabilité, les mamans qui travaillent doivent comprendre, comme Yaarit Silverstone, que leur bonheur importe à leur famille et qu'un emploi qui leur procure de la satisfaction est un élément important de leur bonheur. Ces femmes apprennent à reconnaître tout ce que leur vie a de joyeux, de positif et de beau, à adopter la mentalité d'abondance dont nous avons parlé au Chapitre 1 et à s'attribuer le mérite de tout ce qu'elles accomplissent au quotidien. Concentrez-vous sur la joie que vous apportent les exploits de vos enfants, vos propres succès et vos rêves, quels qu'ils soient. Lâchez prise de votre sentiment de culpabilité afin de pouvoir vous épanouir.

La culpabilité expliquée

Le dictionnaire définit *culpabilité* comme la reconnaissance d'avoir offensé quelqu'un, d'avoir commis une mauvaise action ou d'avoir enfreint la loi. Lorsque vous travaillez, vous n'offensez personne en faisant le choix de vous réaliser dans le travail ou de contribuer aux revenus familiaux. Vous n'enfreignez pas non plus la loi en vous éloignant physiquement de votre famille cinq jours par semaine parce que votre travail vous y contraint. Nous avons beau *savoir* tout cela, pourquoi les mères qui travaillent sont-elles manifestement sans cesse tiraillées par ce sentiment de culpabilité, quoi qu'elles fassent ? Alice, âgée de 31 ans et mère de deux enfants, dit que ses tiraillements sont le résultat d'attentes non comblées, d'un manque d'appui, de clichés entretenus par la famille et les amis ou par la société en général.

Âgée de 45 ans, Ellyn qui est mère de trois enfants se sent elle aussi coupable, particulièrement lorsqu'elle est en voyage d'affaires et que le cadet de la famille lui dit : « Tu me manques, maman ! »

« Ça me fend le cœur », dit Ellyn. Cependant, les deux autres enfants et son mari lui sont d'un grand soutien. Ils savent que son travail l'énergise ; d'ailleurs, son aînée envisage même d'embrasser la même carrière un jour. « J'ai trouvé une façon de gérer mon sentiment de culpabilité : je tiens un journal que je donnerai aux enfants quand ils seront plus grands. Cela m'aide aussi à décider quoi leur dire maintenant au sujet de mon travail et de mes sentiments, et quoi garder pour plus tard », ajoute-t-elle.

Rappelez-vous que nous avons toutes un choix. En définitive, nous choisissons la façon dont nous voulons diviser notre temps et nos efforts, et avons probablement plus de pouvoir sur cette décision que nous ne le pensons.

« Chacune de nous dispose d'une quantité limitée d'énergie, de temps et de ressources », dit Renee Trudeau, auteure du livre *The Mothers' Guide to Self-Renewal: How to Reclaim, Rejuvenate and Rebalance Your Life* (Balanced Living Press, 2008). « La plupart d'entre nous donnent et même gaspillent de leur énergie tous les jours sans même s'en rendre compte. C'est pourtant ce que nous faisons lorsque nous nous engageons dans des conversations téléphoniques interminables, inintéressantes et parfois inutiles, passons des heures à écrire des messages électroniques ou à consulter le Web, ou encore à regarder la télévision; lorsque nous tolérons des environnements désorganisés qui nous obligent à chercher longtemps les choses; lorsque nous participons à des événements mondains ou bénévoles par obligation morale, et non par choix, et ainsi de suite. Souvent, nous ne nous rendons même pas compte que ces activités vident notre précieuse banque d'énergie», dit Renee. Si vous alignez votre temps sur vos valeurs, vous vous apercevrez que vous consacrez moins de temps à ce qui importe peu et davantage à ce qui a de l'importance.

Valerie, ingénieure et mère de trois enfants, avait l'habitude de se prêter volontaire pour l'organisation annuelle d'une grande collecte de fonds pour l'école de ses enfants. Elle se disait que cela montrerait aux autres parents et à ses enfants son dévouement vis-à-vis de l'école. Or elle s'est aperçue qu'elle finissait par y passer un nombre incalculable d'heures, seule ou en compagnie de parents peu enthousiastes, tandis que ses enfants se plaignaient quelle n'avait jamais le temps de jouer avec eux. «Quand j'y repense, dit-elle, je préfère ma décision de participer à la collecte de fonds, plutôt que de l'organiser. Je dispose ainsi de plus de temps pour jouer avec mes enfants ou les aider avec leurs devoirs. C'est en fin de compte ce qu'ils souhaitent vraiment, et moi aussi.»

Valeur (pécuniaire) d'une mère

Sur le plan purement pécuniaire, les mères qui travaillent sont d'une valeur inestimable. Pensez à la valeur en dollars de tout ce que vous faites à la maison. Selon Salary.com, en 2009 la valeur d'une mère au foyer exprimée sous forme de salaire est estimée à un peu plus de 122 700 $ contre pas tout à fait 76 200 $ pour une mère qui travaille[1].

Taux en vigueur pour les mamans qui travaillent
Calculez votre salaire de maman grâce au guide intelligent *MOM Salary* de Salary.com (http://swz.salary.com/momsalarywizard/htmls/mswl_momcenter.html).

En 2009, la moyenne hebdomadaire des « heures supplémentaires » d'une mère au travail a été de 17 heures. Ce temps, qui est presque le double de ce qu'il était il y a deux ans, vient s'ajouter aux heures qu'elle consacre à son travail de base à titre de mère et de professionnelle. Selon le sondage effectué par Salary.com, les mères qui travaillent ont des semaines de plus de 92 heures réparties entre leur emploi à plein temps, leur fonction de maman et les heures supplémentaires liées à celle-ci. D'après ce même sondage, les mamans qui restent à la maison ont des semaines de travail de 96 heures, et une moyenne de 56 heures d'heures supplémentaires.

Salary.com suit de près les revenus des mamans depuis 2000.

« Nous avons commencé par définir les tâches d'une maman et créé le profil de sa description de travail. Ayant effectué des sondages auprès d'un échantillonnage de mères pour déterminer les rôles qu'elles remplissent le plus communément, nous avons établi qu'une maman occupe un emploi hybride de plus de dix métiers, tous rémunérés différemment. Les appellations d'emploi qui correspondent le mieux aux mamans vivant aux États-Unis et au Canada sont (par ordre d'heures quelles y consacrent par semaine) : bonne à tout faire, enseignante de niveau préscolaire, cuisinière, opératrice de machine à laver, opératrice d'ordinateur, psychologue, responsable des services généraux, conductrice de fourgonnette, PDG et gardienne d'immeuble », écrivaient les membres de Salary.com en publiant les chiffres de l'an dernier. La différence de salaire d'une maman au foyer et d'une maman qui travaille réside dans les heures passées à l'emploi de « maman ». Que vous soyez ou non la principale gagne-pain de votre famille, le salaire de « maman » n'inclut pas l'argent que vous gagnez à l'extérieur.

Le sentiment de culpabilité est une perte d'énergie.
Je dois aligner mon énergie sur ma liste de valeurs.
Or le sentiment de culpabilité n'y figure pas.
— Barrett Avigdor

Une formation en leadership est un atout que les mères acquièrent en cours d'emploi, selon Dee Dee Myers, auteure et secrétaire de presse de l'ancien président Bill Clinton. Candidate à la vice-présidence du Parti républicain lors des élections de 2008, Sarah Palin par exemple en a tiré un avantage de nature politique.

Lorsque Nancy Pelosi devint la première conférencière de sexe féminin de la Chambre des représentants des États-Unis, un journaliste lui demanda comment elle comptait se débrouiller face à un emploi d'une telle envergure. « Vous voulez rire, avait-elle répondu. Assumer la fonction de conférencière de la Chambre ne peut pas être plus difficile que d'élever cinq enfants. »

Dans son livre intitulé *Mom-in-Chief* (John Wiley & Sons, 2009), l'auteure Jamie Woolf décrit les mères comme des « leaders transformationnels », car elles aident les membres de leur entourage à répondre à leurs plus grandes aspirations.

Il n'est pas surprenant que les femmes que nous avons interviewées aient été si nombreuses à nous dire que leur travail de maman les rend plus compétentes professionnellement, du point de vue de leur productivité, de leur capacité d'écoute et de leur ouverture d'esprit. *Plus de 95 pour cent d'entre elles affirment qu'elles sont de meilleures mamans que si elles restaient à la maison à plein temps*, la raison le plus souvent évoquée étant la profonde satisfaction qu'elles tirent de leur travail.

Enseignante à l'école élémentaire et mère de deux enfants, Alice ne pourrait pas mieux exprimer cette opinion : « J'adore être maman, mais je travaille pour être encore meilleure dans ce rôle. »

Cela vient de l'intérieur

À titre de mères, nous perpétuons notre propre sentiment de culpabilité en ayant l'impression d'abandonner nos enfants, nos conjoints et nos collègues de travail. Parce que nous partageons notre temps entre le travail et la famille, nous avons en quelque sorte l'impression de tromper les deux. Lorsque nous apprenons à lâcher prise de ce sentiment d'inaptitude stérile et souvent débilitant, nous pouvons faire place à un sentiment de paix et de satisfaction dans notre vie. Nous y gagnons une énergie débordante que nous pouvons investir dans ce que nous aimons faire. Ainsi, nous devenons les meilleures mamans possible et, fortes de ce succès, de meilleures professionnelles, et vice versa.

Il est difficile de ne pas avoir une bonne estime de soi quand la vie vous traite bien.

— Benita Fitzgerald Mosley, première femme afro-américaine à remporter la médaille d'or aux Jeux olympiques de 1984 et PDG de Women in Cable Telecommunications

La plupart des femmes qui travaillent à qui nous avons parlé souhaiteraient vraiment avoir plus de temps à accorder à leurs enfants, des heures de travail plus flexibles et aussi davantage de temps pour elles-mêmes et leurs relations. Mais même si ces aspirations se concrétisent, vous ne trouverez pas le bonheur véritable à moins de commencer par lâcher prise de votre sentiment de culpabilité. Or vous le *pouvez*. C'est non seulement faisable, mais c'est extrêmement libérateur pour votre esprit, votre cœur, votre corps et votre âme.

L'histoire d'une mère

Les mères tirent toutes sortes de bienfaits de leur travail. En voici quelques-uns relevés auprès des mères interviewées :

- Alice, mère de trois enfants: «Le travail m'aide à me concentrer sur l'importance du temps que je passe avec mes enfants. Je n'éprouve plus le ressentiment que j'éprouvais avant de travailler.»

- Tricia, mère de trois enfants et des deux enfants de son conjoint: «Être mère vous donne une série de connecteurs qui facilitent vos rapports avec les autres.»

- Gina, divorcée, mère de deux enfants: «On apprend à déléguer sans se sentir coupable.»

- Mel, mère seule ayant un enfant: «En restant chez soi, on perd le rythme de la vie.»

- Maria, mère de deux enfants: «J'ai appris la nécessité d'exprimer clairement mes attentes. J'ai aussi appris à être patiente et plus sensible aux capacités et aux limitations des autres, car tout le monde est différent.»

Pour lâcher prise de votre sentiment de culpabilité, commencez par réévaluer ce que vous pouvez accomplir en une journée au travail et à la maison. Ayez des attentes raisonnables et assurez-vous de les classer par ordre d'importance. Si ce qui vous importe le plus c'est de vous occuper de vos clients, accordez-y la priorité. Si passer du temps avec vos enfants après le travail et faire de l'exercice sont tous deux importants, vous pouvez envisager de faire du vélo avec les enfants après le travail. En établissant vos priorités en fonction de vos valeurs, il est possible que vous ne réussissiez pas à faire tout ce que vous avez sur votre liste. Si aider vos enfants avec leurs devoirs fait partie de vos priorités, vous n'aurez peut-être pas le temps de préparer un dîner aussi élaboré que vous le souhaiteriez. Si le service à la clientèle est votre priorité au travail, vous pourriez avoir moins de temps pour parrainer les jeunes de votre équipe. Par contre, lorsque vous alignez vos propres attentes sur vos valeurs plutôt que sur celles des autres, vous vous sentez plus en harmonie et moins stressée. C'est un truisme pour les mères qui travaillent dans le monde entier.

Âgée de 70 ans, June a renoncé, sans se sentir le moindrement coupable, à faire la cuisine, le ménage et le taxi, déclarant mettre fin à ce qu'elle appelle sa « maternité au travail ».

Lâchez prise de votre sentiment de culpabilité, disent les mères au travail d'un groupe de consultation de Buenos Aires, en Argentine. Jouissez de votre travail et de vos enfants, et dites à votre mari ou conjoint qu'il devrait être fier que vous soyez une mère au travail !

Vous rappelez-vous Claudia au Chapitre 3 ? Claudia était malheureuse au travail et à la maison, et son couple était en difficulté jusqu'au jour où elle a appris à s'accepter, à demander de l'aide, à prioriser ses ambitions et à mieux maîtriser son temps. Lâchant prise de son sentiment de culpabilité, elle a embrassé ses valeurs de maman et de femme de carrière. Elle a compris qu'elle devait suivre un cheminement moins direct pour parvenir au rang d'associée de son entreprise si elle voulait consacrer plus de temps à sa famille et alléger un peu la pression due à ses voyages d'affaires. Claudia a choisi de devenir une mère au travail heureuse même si, pour ce faire, elle devait réajuster ses propres attentes sur le plan professionnel.

Notre objectif de parents est de saisir tout le potentiel de nos enfants. Au travail, nous cherchons aussi à saisir le plein potentiel de nos employés.

— Jamie Woolf, auteure de Mom-in-Chief: How Wisdom from the Workplace Can Save Your Family from Chaos (John Wiley & Sons, 2009)

Une question de priorités

Lorsque Claudia a saisi l'importance de ses valeurs et de ses priorités, elle a compris que de vivre conformément à elles mène au véritable bonheur.

Elle a dû faire des compromis, mais s'en porte bien, car ceux-ci sont en harmonie avec ses valeurs. Elle s'est aperçue, comme ce devrait être le cas de toute mère qui travaille, que se sentir coupable ne sert à rien, si ce n'est qu'à perpétuer la tristesse.

Par conséquent, cessez de vous culpabiliser. Vous n'avez rien à vous reprocher. Pardonnez-vous et embrassez la joie, c'est-à-dire votre famille, votre travail et votre vie.

L'histoire d'une mère

Christiane Amanpour, correspondante principale sur le front international de CNN basé à New York est une mère au travail qui a réalisé des reportages sur bon nombre de crises et de conflits majeurs à travers le monde. Le 5 mai 2007, dans le cadre du congrès sur le leadership de l'école de gestion Simmons de Boston, elle a parlé de sa carrière et de l'impact de la naissance de son enfant sur ses voyages dans des régions à risque. Ayant compris que pour être heureuse en tant que mère et journaliste elle devait à tout prix rester fidèle à sa raison d'être à la maison et au travail, elle fit le choix conscient de mener les deux de front.

Ses voyages dans des zones de guerre en vue de reportages ne constituent qu'une partie de l'être de Christiane Amanpour. En effet, née au Moyen-Orient, cette femme a de fortes croyances concernant la liberté et les droits de l'homme. Depuis qu'ils sont mariés, elle et son mari sont restés fidèles à leur engagement à produire des reportages et des communiqués de presse honnêtes et ouverts, et à transmettre la détresse de personnes qui luttent pour la liberté.

Quand son enfant est né, Christiane Amanpour a commencé à se poser des questions concernant ses voyages dans des zones de guerre et des pays de turbulence politique. Elle était cependant convaincue, et son mari aussi, que son travail (sa raison d'être) était essentiel à son bonheur en tant que mère et journaliste. Elle avait toujours su que son travail était un élément important de sa personne et qu'il faudrait qu'elle trouve le moyen d'y faire une place pour son rôle de mère.

Son mari l'a beaucoup aidée à concilier travail et famille.

Vos priorités

À votre tour maintenant. Commencez par vous pencher sur vos propres priorités dans la vie. Faites abstraction pendant un instant de la vague de submersion et pensez à un moment dans votre vie où vous aviez la maîtrise de votre temps. Quelles étaient alors vos attentes face à vous-même et à la vie ? Ces attentes étaient-elles comblées ? Dans l'affirmative, quels sentiments aviez-vous envers vous-même ? Où en étiez-vous en matière d'estime de soi ? Dans la négative, pourquoi vos attentes n'étaient-elles pas comblées ? Celles-ci étaient-elles réalistes et alignées sur les véritables valeurs que vous accordez à la vie ?

Pause d'autoaccompagnement : la vie, c'est important

Pour vous aider à déterminer vos véritables valeurs, prenez quelques instants pour réfléchir aux questions suivantes et soyez cruellement honnête dans vos réponses :

- Quelle valeur accordez-vous à l'argent ?
  - En quoi vous est-il utile ?

- Quelle valeur accordez-vous aux personnes de votre entourage ?
  - Quelles sont celles qui comptent le plus pour vous et pourquoi ?

- Quelle valeur accordez-vous à vos biens matériels?
  - Auxquels tenez-vous le plus et pourquoi?
- Comment utilisez-vous ce que vous possédez?
- Jusqu'à quel point vous comparez-vous aux autres?

Maintenant demandez-vous à quoi vous accordez de la valeur sur le plan maternel, professionnel et individuel, puis classez ces valeurs par ordre d'importance. Il fut peut-être un temps où vivre dans la maison parfaite était pour vous une priorité. Peut-être maintenant que vous êtes devenue mère au travail vous importe-t-il davantage que celle-ci soit adaptée aux jeux de votre enfant; dans ce cas, vous n'avez peut-être aucune objection à faire installer une table de ping-pong dans la salle à manger. Autre scénario: vous en êtes peut-être au stade de votre carrière où il est important de prendre la voie rapide vers le sommet; dans ce cas, vous et votre famille êtes peut-être disposés à faire les sacrifices nécessaires afin de vous permettre d'atteindre vos objectifs professionnels. Il n'y a pas de bonne ou de mauvaise réponse, seulement la réponse qui vous convient.

Votre liste de valeurs par ordre de priorité constitue un aperçu objectif de votre situation actuelle. Grâce à elle, vous aurez mieux conscience de ce qui est à la base des sentiments conflictuels que vous pourriez avoir face à votre double rôle de mère qui travaille.

La prochaine étape consiste à réévaluer les attentes que vous avez envers vous-même et les personnes de votre entourage. Ainsi équipée de ces nouveaux points de repère, vous pouvez commencer à redéfinir et à restructurer vos activités quotidiennes afin de mieux coordonner vos valeurs intégrées de mère et de professionnelle. Au fur et à mesure que vous vivrez une vie en accord avec vos véritables valeurs de mère et de femme au travail, votre sentiment de culpabilité s'évanouira. Il sera remplacé par les décisions d'une mère prévenante, perspicace et heureuse. Or cette personne, c'est vous.

Véritablement heureuse

Très estimée, Anabelle est la mère de deux adolescents, l'un âgé de 19 ans (qui fréquente l'université) et l'autre de 15. Depuis une quinzaine d'années, elle travaille et élève seule ses fils à Philadelphie. C'est un modèle à émuler pour d'autres femmes.

Anabelle affirme devoir parfois gérer sa propre angoisse pour arriver à ses fins. Cependant, au tout début, elle a pris en considération ses valeurs, reconnu l'importance de l'endroit où elle vivait et de son travail afin de mener sa vie de mère seule et celle de ses enfants vers la réussite.

« Je suis d'une manière générale une personne heureuse [...] quand les garçons étaient beaucoup plus jeunes, j'économisais mes jours de maladie pour eux. Lorsque j'ai divorcé, j'ai compris qu'il n'y avait pas moyen d'en accumuler suffisamment. J'ai dû me rendre à l'évidence que j'allais élever seule mes enfants.

« Ma première pensée a été de chercher un logement assez près de l'école pour que les garçons puissent s'y rendre à pied. J'aimais énormément mon chez-moi et ne voulais absolument pas déraciner les enfants, mais il fallait à tout prix que je trouve un moyen pour qu'ils puissent se rendre à l'école à l'heure sans devoir compter sur leur père ou sur qui que ce soit d'autre d'ailleurs.

« Ayant trouvé une maison qui convenait à nos besoins, je me suis dit qu'ils seraient peut-être parfois obligés de se faire leurs propres repas et qu'ils participeraient sans doute à des activités sportives parascolaires déjà à ce moment-là, mais aussi dans l'avenir.

J'ai donc trouvé une maison un peu plus loin que je ne l'aurais souhaité, de mon lieu de travail, mais nous nous sommes arrangés et ça a bien fonctionné.

« Les garçons devaient se lever seuls le matin. Ils ont appris que la première cloche de la cour de l'école d'en face leur servait de réveille-matin et qu'ils avaient cinq minutes pour se rendre en classe. Cela fut dur au début, mais ils ont fini par s'habituer à cette routine et nous avons reconstruit notre vie autour d'un emploi du temps acceptable. (Cela a nécessité de l'entraînement et quelques échanges téléphoniques avec l'école, mais tout le monde y mettant du sien, nous avons fini par y arriver.)

« Mes fils étant devenus plus responsables du fait de ce déménagement, j'ai pu accepter de prendre en charge plus de 50 employés de notre personnel itinérant (ce qui voulait dire davantage de responsabilités, et donc un meilleur salaire). J'avais sous mes ordres principalement des femmes qui me voyaient comme un modèle de ce qu'il est possible d'accomplir et de ce qu'elles auraient toutes aimé avoir, d'autant que ma vie était jonchée de différentes formes de stress.

« J'ai été une des premières personnes de mon entreprise à avoir un ordinateur personnel chez moi et j'en ai vivement encouragé la distribution chez tous les membres de notre personnel. Cela a pris du temps, mais notre compagnie s'est montrée d'un grand soutien à l'égard de toutes les mères qui travaillent, et nous observons au quotidien les bienfaits de cette politique sur le plan personnel et professionnel.

« Si nous n'avions pas été une famille souple et si je n'avais pas fait preuve de flexibilité dans mon travail et mes choix, l'histoire de cette réussite ne serait pas ce qu'elle est aujourd'hui. »

« Nous avons toutes le choix, affirme Sherry Brennan de Fox Cable. Il appartient à chacune d'entre nous de bien choisir afin d'obtenir ce que nous voulons dans la vie. »

Vos priorités ne sont pas inaltérables non plus. Elles changent au fur et à mesure que vous grandissez et changez. Ce qui a le plus d'importance pour vous à un moment précis de votre vie peut se retrouver au bas de votre liste tandis que vos enfants grandissent, et vous aussi grandissez.

Renee Trudeau est d'accord sur le fait que l'on a toujours un choix. « Lorsqu'on est un parent actif, avec une vie chargée et des enfants qui ont besoin de beaucoup de notre énergie, il faut faire attention de ne pas s'engager dans des activités qui ne figurent pas sur notre liste de priorités. »

L'histoire d'une mère

Sherry Brennan, vice-présidente du service de stratégie et de promotion des ventes de Fox Cable Networks, nous raconte comment elle a aligné ses choix de carrière sur ses valeurs.

« Être une maman a signifié pour moi abandonner certaines aspirations – du moins pour l'instant –, car je refuse de faire les heures supplémentaires ou les voyages d'affaires nécessaires à un emploi supérieur. Mon emploi actuel n'en est pas moins gratifiant, mais alors pas du tout !

« À mon avis, il s'agit d'être consciente du prix de ses aspirations et de choisir celles qui vous importent le plus, puis de poursuivre celles-là. N'ayant pas voulu être loin de mon fils pendant sa première année, je ne suis retournée au travail que lorsqu'il a eu quinze mois [...] Je ne suis pas encore prête à rentrer du travail tard quatre soirs par semaine, par conséquent, je ne postule pas les emplois qui l'exigeraient.

« Je ne me demande pas si cela est "juste" ou "injuste". Ce serait un jeu perdant et une perte de temps. Certains emplois requièrent plus de temps et de voyages d'affaires que d'autres, un point c'est tout. Il ne sert à rien de se battre contre cette réalité. »

Des ambitions confortables

Ambition est un terme épineux. Il peut vous apporter une grande satisfaction et un épanouissement, à vous, à votre famille et aux personnes avec qui vous travaillez. Mais il peut aussi n'apporter qu'un vide. La société s'attend à ce que les mères remettent à plus tard leurs propres ambitions ou les rejettent pour le bien de leurs enfants et de leur famille. Pour certaines femmes, c'est la chose à faire. Pour d'autres cependant, l'ambition est tellement mêlée au bonheur que si elle est remise à plus tard ou rejetée, cela signifie l'ajournement de leur bonheur.

Le secret, c'est de vous assurer que vos ambitions sont alignées sur vos valeurs. Pour Sherry Brennan, cela signifiait ralentir son cheminement de carrière. Pour Christiane Amanpour, cela voulait dire continuer de voyager au gré des reportages. Ces deux femmes mènent une vie de mère au travail heureuse et vous le pouvez aussi.

Peu importe la nature de notre emploi ou notre domaine d'activité, nous pouvons être fières de nos ambitions. La plupart des mères qui travaillent n'ont pas peur de réussir. En fait, 62 pour cent d'entre elles se décrivent comme étant « très ambitieuses » d'après le sondage *What Moms Want* effectué par Working Mother Media, dont il a été fait mention au Chapitre 1.

Le travail est enrichissant lorsque...

- il est inspirant.
- il est inclusif et exigeant.

- il donne l'occasion de faire preuve de créativité.
- il nécessite une part d'apprentissage et de croissance en plus de présenter des défis.
- il vous rapproche de votre « grand dessein ».
- il atteint les objectifs de celui-ci ou les dépasse.
- il procure l'occasion d'une interaction sociale et professionnelle agréable.
- il est motivant.
- il se fait dans un cadre de confiance.
- il se fait en l'absence de crainte.

Diana, âgée de 51 ans, mariée et mère d'un adolescent, ne s'est jamais sentie coupable de travailler. En fait, elle affirme que le fait qu'elle travaille aide son fils à voir que les femmes sont égales aux hommes en matière de carrière et d'ambition. « Il est fier de pouvoir dire que sa mère est avocate et professeure », dit-elle.

Kim Martin raconte que ses filles qui ont maintenant 10 et 13 ans auraient préféré, quand elles étaient plus jeunes, qu'elle reste à la maison parce que bon nombre de mamans du quartier ne travaillaient pas. Cette femme détentrice d'une maîtrise en administration est actuellement présidente-directrice générale de WE tv. Maintenant, dit-elle, ses filles parlent d'avoir des enfants tout en travaillant. Elles adorent assister aux premières avec tapis rouge et profiter des autres avantages que leur procure le travail de leur maman. En fait, la cadette a fait récemment à Kim le plus grand des compliments en lui disant qu'elle voulait faire le même travail qu'elle quand elle serait grande.

Faites preuve d'ingéniosité

« Le succès » est l'objectif de toute mère qui travaille. Or « Le travail ardu et le talent ne suffisent pas pour réussir, il faut aussi une certaine dose d'"ingéniosité"», dit Billi Lee, conférencière, accompagnatrice et commentatrice à l'échelle internationale, ainsi qu'auteure de *Savvy: Thirty Days to a Different Perspective*. «L'ingéniosité, c'est "la capacité acquise de bien réagir et fonctionner dans un environnement quel qu'il soit"», explique-t-elle sur son site Web[2].

Pour atteindre un meilleur équilibre travail-famille, il faut bien saisir les différences entre les domaines personnel et professionnel. Développer votre ingéniosité sur le plan professionnel non seulement vous aidera à accéder plus facilement au succès, mais allègera votre frustration devant la réalité de la politique organisationnelle. Vous serez ainsi en mesure de déterminer les meilleurs comportements et stratégies à adopter dans ces deux types de circonstances.

Les sept conseils «ingénieux» de Billi Lee pour réussir

1. **Relativisez:** ce n'est qu'un emploi, une sorte de jeu! Les personnes sensées reconnaissent que le milieu de travail n'est qu'un jeu, même sérieux. (Quelle importance aura-t-il sur notre lit de mort?) Le milieu de travail a ses objectifs, ses obstacles, ses règlements, ses équipes, ses joueurs, ses accompagnateurs, ses arbitres et aussi ses moyens d'influencer ces derniers. Apprenez les règles du jeu, étudiez les joueurs, apprenez les coups, suivez les conseils de votre accompagnateur et entraînez-vous. Tantôt vous gagnerez, tantôt vous perdrez. Jouez intensément, et puis rentrez chez vous et retrouvez ce qui compte vraiment.

2. **Focalisez:** quel est mon but? Quel prix suis-je prête à le payer? Établir un objectif est la première étape vers n'importe quoi, mais le secret, c'est de focaliser sur un seul à l'exclusion de tout autre. Avant d'établir un but, étudiez-en soigneusement le prix. Décidez ce que vous voulez et ce à quoi vous êtes prête à renoncer pour l'obtenir. Hélas, chaque chose a son prix!

3. **Soyez ingénieuse.** Soyez réaliste. Arrêtez les enfantillages. L'ingéniosité, c'est la capacité acquise de bien fonctionner dans n'importe quel environnement. C'est l'équivalent de l'école de la rue qui vous permet de faire face au monde tel qu'il est, plutôt que comme il devrait être. Les personnes sensées sont flexibles, souples, capables de comprendre les gens et les situations, et aussi de réagir efficacement. Elles sont véritablement « responsables » (du latin *responsus* signifiant *répondu* et du suffixe français *ble* signifiant *pouvoir*).

4. **Marchandez :** le succès est une coentreprise. Comme vous avez besoin de la collaboration des autres pour réussir, votre capacité de les influencer est primordiale. Le marchandage, ou l'art de négocier une entente, c'est aussi l'art d'influencer. « Aidez-moi et je vous aiderai. » Les affaires, c'est l'échange profitable de biens, de services et de faveurs. Appliquez la règle d'or : « Fais à autrui ce que tu aimerais qu'on te fasse. » Puis, ayant tiré profit de l'aide des autres… rendez-leur la pareille.

5. **Trouvez-vous des alliés :** créez un large réseau d'alliés qui ne soit pas restreint aux personnes que vous aimez. Ce réseau devrait vous donner accès à des ressources, des renseignements, des liens, de l'expérience et des conseils. Vos alliés peuvent être des partenaires temporaires ou à long terme. Ils peuvent même venir du camp opposé. Ce ne sont pas forcément des personnes que vous aimez, mais toujours des personnes dont vous avez besoin. Investissez du temps, de l'argent et des efforts à la création de votre réseau.

6. **Soyez résiliente :** misez sur le changement. La résilience est la capacité de tourner l'évolution constante de l'environnement à son avantage. Il n'est pas nécessaire que vous aimiez

ce qui se passe, mais si vous n'y pouvez rien, servez-vous-en. Les dinosaures manquaient de résilience. C'est aussi le cas de bien des gens. Soutenir que le monde qui vous entoure ne devrait pas être ce qu'il est ne peut que vous plonger dans un bourbier. Cherchez les occasions dans le changement. Parce qu'elles sont une espèce rare, les personnes résilientes auront toujours une carrière assurée.

7. **Dépersonnalisez:** ne vous sentez pas visée. L'entreprise n'est pas votre famille! Le lieu de travail est un système désigné pour accomplir des tâches, pas pour prendre soin des gens. (S'occuper des ressources humaines, c'est une autre affaire.) La mission de l'organisme, c'est faire de l'argent. Or c'est aussi la vôtre. Voyez-vous comme «Moi, S.A.» en coentreprise avec la compagnie pour laquelle vous travaillez et vos collègues. Votre patron est votre client. Occupez-vous de ses affaires, puis, une fois rentrée chez vous, soyez très personnelle!

(Calculez votre «QI» ou quotient d'ingéniosité. Prêtez-vous au test *Savvy Profile* que vous trouverez sur le site www.billilee.com et découvrez d'autres moyens de développer votre ingéniosité!)

La réalité concernant le lieu de travail

Tout cela est très bien – il suffit d'aligner ses valeurs sur sa vie, avoir l'esprit ouvert sur ce que sa vie a de positif, et tout tombe en place. Bien sûr, nous savons toutes que ce n'est pas aussi simple que cela. On peut dire ce que l'on veut, la réalité en ce vingt-et-unième siècle, c'est que si vous n'avez pas la chance de travailler pour une de ces rares entreprises véritablement soucieuses de la famille, vivre en fonction de vos valeurs peut exiger des efforts supplémentaires. Et même si vous travaillez pour une telle compagnie, sa politique familiale n'est pas forcément accueillie favorablement par les collègues.

Pause d'autoaccompagnement : des attentes facilitées

Lorsque les aboutissements ne sont pas à la hauteur de nos attentes personnelles et professionnelles, nous nous sentons souvent coupables. Ce sentiment peut provenir d'un ou de plusieurs obstacles à notre succès :

- **Ressources.** Avez-vous des scénarios de rechange ? En tant que mère qui travaille, avez-vous par exemple une solution de rechange de garde d'enfant ou encore de transport si celui-ci a des activités parascolaires ou doit se rendre au camp de vacances ou ailleurs ? Au travail, quelqu'un peut-il vous remplacer si l'un de vos enfants tombe malade ?

- **Systèmes d'aide.** Est-ce que vous vous comparez aux mères au foyer qui ont de meilleurs réseaux d'aide et qui peuvent compter sur leur conjoint, d'autres membres de la famille, des services de garde prolongée ou des bonnes d'enfants ?

- **Demande d'aide.** Savez-vous reconnaître quand vous avez besoin d'aide et êtes-vous disposée à en demander ? Demander de l'aide n'est ni un signe de faiblesse ni une raison de se tracasser ou de se sentir coupable. C'est une bonne raison d'oublier ses craintes et de surmonter les doutes qui peuvent engendrer des sentiments de culpabilité et de tristesse.

L'auteure Renee Trudeau nous fait quelques suggestions sur la façon de gérer plus efficacement notre temps et notre énergie :

- Apprenez à vous sentir à l'aise de dire « non ». Entraînez-vous. Mettez-vous au défi de répondre au moins une fois par semaine par la négative à une requête qui ne concerne pas directement une de vos priorités.

- Demandez souvent de l'aide. Les personnes qui réussissent et qui sont bien équilibrées (donc heureuses) ont des systèmes d'aide solides. Allez-y progressivement. Plus vous demanderez de l'aide et plus vous en recevrez, plus cela deviendra facile.

- Défiez les «je devrais» qui vous viennent à l'esprit. Ces signaux d'alarme indiquent toujours que vous êtes sur le point de faire quelque chose non par choix, mais parce que vous sentez quelque obligation (ou culpabilité) extérieure. Prenez le temps de vous demander ce qui vous motive à vous lancer dans l'activité en question.

- Accordez-vous la permission de changer d'idée à votre gré !

La perception de soi au travail

Nous possédons toutes des talents et des capacités uniques sur le plan maternel et professionnel. Nous excellons et en sommes fières. Il reste que notre contribution est parfois lente à être appréciée dans le milieu de travail. De ce fait, nous sommes parfois en quelque sorte bâillonnées et notre avantage concurrentiel est réduit à néant.

Kimberly Rath, mère au travail, cofondatrice de Talent Plus, compagnie mondiale d'experts-conseils en ressources humaines, applique la science du talent en vue d'aider les compagnies, comme les individus, à fournir le meilleur rendement. Aux dires des cadres de cette entreprise: «Le talent est une compétence naturelle [...] C'est la capacité d'une personne d'atteindre un rendement presque parfait [...] Nous savons que lorsque les gens sont placés en fonction de leurs talents et que ceux-ci sont cultivés à long terme, ils atteignent un rendement maximal. L'effet cumulatif devient un des principaux facteurs d'un niveau d'excellence durable ainsi qu'un avantage concurrentiel[3].

Les femmes ont tendance à sous-estimer leurs propres aptitudes au travail, selon Sally Helgesen, conseillère en développement du leadership, accompagnatrice et auteure de plusieurs livres dont *Thriving 24/7: Six Strategies for Taming the New World of Work* (Free Press, 2007). Les hommes ont au contraire tendance à surévaluer leurs compétences, toujours selon madame Helgesen qui a analysé les données multinationales recueillies par le Washington Quality Group[4].

Notre succès au travail complète notre sens de fierté et de réalisation, et peut nous apporter une autre source de bonheur.

Bilan : exercices à expérimenter

DONNEZ UN NOM À VOS CRAINTES

Les craintes peuvent entraîner des comportements qui inhibent le bonheur. Toutefois, le fait de leur donner un nom et d'y faire face peut nous aider à les éliminer et à nous remettre sur la voie du bonheur.

Prêtez-vous à l'exercice qui suit :

1. Lisez la liste de craintes qui suit et cochez toutes celles qui s'appliquent à vous :

    - Peur d'échouer
    - Peur de ne pas être une bonne mère
    - Peur de ne pas être à la hauteur de mon travail
    - Peur de ne pas être une bonne épouse
    - Peur de vivre dans la pauvreté
    - Peur de ne pas avoir la chance d'apprendre de nouvelles choses
    - Peur d'être seule
    - Peur de trop bien réussir

- Peur d'avoir trop de pouvoir
- Peur de perdre les pédales
- Peur de ne pas pouvoir m'arrêter de pleurer si je commence
- Peur de ______________________________

2. En relation avec chacune de ces craintes, posez-vous les questions suivantes :

- Pourquoi cela me fait-il peur ?
- Cela m'est-il déjà arrivé ?
- Dans l'affirmative, comment ai-je surmonté cette peur ?
- Dans la négative, y a-t-il une voix dans ma tête qui me dit d'en avoir peur ?
- D'où vient cette voix, et pourquoi est-ce que je choisis de ne pas la faire taire ?
- Que pourrait-il arriver dans le pire des scénarios ? Comment puis-je surmonter le pire ?
- Si ma meilleure amie m'avouait ces mêmes peurs, que lui dirais-je ?

3. La peur peut entraîner des comportements qui inhibent le bonheur. Terminez les phrases suivantes en cochant les réponses qui conviennent.

Je serais une mère au travail heureuse si je pouvais :

- ❑ être moins directe
- ❑ être plus ouverte aux idées
- ❑ être moins impulsive
- ❑ établir plus clairement mes attentes
- ❑ être plus indulgente
- ❑ moins écouter mon ego

- ❑ être moins craintive
- ❑ être moins critique
- ❑ être plus inclusive
- ❑ être __________

4. Maintenant, pour chaque réponse que vous avez cochée, demandez-vous pourquoi vous vous sentez ainsi et ce que vous pouvez faire pour modifier ce sentiment. Par exemple, si vous pensez être trop critique, demandez-vous pourquoi. Vous êtes-vous sentie jugée quand vous étiez plus jeune ? Sur quoi basez-vous le jugement que vous portez sur les autres et pourquoi ?

Chapitre 5

Quand maman n'est pas heureuse, personne n'est heureux !

La moitié du défi de la vie consiste à trouver ce que l'on aime faire. On a besoin d'avoir dans son cœur ce sens de réalisation et de servir les autres comme on aimerait être servie.

— Sharon Allen, mère de deux enfants et directrice de police adjointe à Tucson, en Arizona

Les mères donnent le ton à leur famille. Plus de 95 pour cent des femmes que nous avons interviewées s'entendent pour dire que lorsqu'elles sont heureuses, les autres membres de la famille sont heureux aussi. Malgré cela, bon nombre d'entre elles avouent ne pas investir suffisamment de temps dans les activités qui leur plaisent. Elles sont trop occupées à prendre soin des autres à la maison et au travail.

D'après nos propres recherches et celles de bien d'autres avant nous, la meilleure chose que nous puissions faire pour assurer le bonheur de nos familles, c'est de nous aimer, de nous accepter et d'opter pour le bonheur tous les jours. Votre bonheur n'est pas un luxe, mais une nécessité, et à ce titre devrait figurer sur votre liste de priorités.

Nous, les femmes, avons tendance à être intransigeantes envers nous-mêmes. Nous voulons tout faire à la perfection. Dès l'enfance, nous sommes assaillies par des messages émis par la télévision, la presse et aussi certains enseignants et proches bien intentionnés, selon lesquels nous devons être jolies et douces, fortes et indépendantes. La poupée Barbie a certes évolué, passant du statut de femme au foyer de banlieue à celui de médecin ou d'agent de police, mais elle ressemble encore beaucoup plus à un modèle de perfection qu'à n'importe quelle femme de notre connaissance. Or tant de perfectionnisme nuit au bonheur.

Les mères au travail les plus heureuses que nous ayons rencontrées au cours de nos recherches sont celles qui étaient impénitentes et joyeuses dans leur imperfection. Ce sont des femmes qui connaissent leurs forces et s'en servent, contournant leurs faiblesses. Leur apparence physique n'est peut-être pas parfaite et leur maison pas très ordonnée, mais elles réussissent là où ça compte. Ces femmes adorent leurs enfants qui ressentent cet amour tous les jours. Elles aiment leur travail et en tirent une profonde satisfaction. Ayant défini leurs valeurs, elles excellent dans ce qui compte vraiment pour elles. Pour ce qui est du reste, elles se contentent de ce qui est.

Conseil en matière de bonheur: La moitié du défi de la vie consiste à trouver ce que vous aimez faire. L'autre moitié consiste à célébrer vos succès en cours de route.

« Si vous n'êtes pas contente de vous, vous ne pouvez pas être heureuse », dit Danielle, mère au travail de trois enfants qui mène une vie heureuse à Tucson. Il faut en arriver à un point où vous n'attachez aucune importance à l'opinion des autres. C'est alors que vous prenez confiance en vous. »

Véritablement heureuse

Danielle, coiffeuse à Tucson, propriétaire de son propre salon et mère de trois enfants partage avec nous un de ses conseils en matière de bonheur:

« Comme j'adore chanter, je pense que je chante bien. Or d'après mes amis, je chante horriblement mal, mais peu importe !

« Quand j'étais à l'école primaire, et puis au secondaire, les enfants se moquaient de moi parce que j'étais bien enveloppée. Maintenant, je suis coiffeuse et mes clientes ne cessent de me faire des compliments. Grâce à mon travail, j'aide les autres femmes à avoir confiance en elles, en les mettant en valeur. La confiance en soi vient avec l'âge et est synonyme d'attrait. »

Assez d'emplettes!

Bien des femmes deviennent obnubilées par le désir d'être assez… assez belles, assez bien habillées, assez populaires, assez généreuses.

Pour montrer que l'on est assez « tout cela », on s'évertue à acquérir des biens matériels, l'accès à des réceptions mondaines ou un certain statut par le biais de relations, masculines ou féminines. Lorsque les femmes tombent dans ce piège, souvent elles se disent que si elles possédaient davantage – de vêtements, de chaussures, de sacs à main, de bijoux, d'amis, de petits amis, d'amants, de meilleurs maris ou l'accès à un plus grand nombre d'événements sociaux – elles seraient considérées comme ayant mieux réussi, comme étant quelqu'un de bien, et seraient en fin de compte vénérées.

Pourquoi les femmes réagissent-elles ainsi ? Est-ce vraiment pour enrichir leur vie, la personne qu'elles sont ou celle qu'elles veulent être ? Pourraient-elles plutôt chercher ainsi à prendre leur revanche sur quelqu'un qui, à maintes reprises, aurait exacerbé leur sentiment d'infériorité ? Cherchent-elles à être à la hauteur de l'opinion qu'ont les autres d'elles ou de ce qu'elles devraient avoir accompli dans la vie ?

Ne préférez-vous pas posséder quelque chose de vraiment précieux, plutôt que de collectionner des objets, des invitations ou l'accès à certaines personnes, simplement pour satisfaire l'opinion des autres ?

Pour vérifier cette possibilité, jetons un coup d'œil sur les questions suivantes :

1. Pour quelles raisons faites-vous des achats non essentiels ?

Cochez les trois réponses qui correspondent le mieux à ce que vous ressentez lorsque vous faites des emplettes.

- ❑ Je satisfais un besoin d'acheter.
- ❑ Je satisfais un besoin de montrer à quelqu'un que j'ai les moyens d'acheter.
- ❑ Je satisfais un besoin de faire plaisir au commis.
- ❑ Je satisfais un besoin de me faire un cadeau.
- ❑ Je satisfais un besoin de me procurer un certain article dont j'ai besoin pour mon travail ou mes loisirs.
- ❑ Je satisfais un besoin d'être la première à posséder quelque chose.
- ❑ Je satisfais un besoin d'être prête pour quelque événement (une activité mondaine comme un mariage, un dîner, un rendez-vous ou une réunion).
- ❑ Je satisfais un besoin d'être généreuse (par exemple en achetant un cadeau).

2. Ayant conclu l'affaire, lequel de ces sentiments éprouvez-vous le plus souvent ? (Encerclez votre réponse) :

- Excitée et enchantée par mon achat OUI NON
- Coupable et honteuse de mon achat OUI NON
- Démoralisée après-coup (surtout à la pensée de la facture qu'il faudra régler) OUI NON
- Satisfaite à l'idée d'avoir conclu l'affaire OUI NON

3. À quelle fréquence effectuez-vous des démarches de remboursement ou d'échange d'une acquisition qui vous est destinée ? (Encerclez la réponse qui convient.) :

Systématiquement
Souvent
Parfois
Rarement
Jamais

4. Posez-vous les questions suivantes :

- En vous penchant sur votre historique d'acheteuse, voyez-vous une tendance susceptible de vous aider à comprendre la raison de vos achats ?

- Si vous pensez avoir tout ce dont vous avez besoin, voici des questions à vous poser (cochez toutes les réponses qui conviennent) :

❑ Ai-je vraiment besoin de cela et que m'apporterait cette acquisition ?
❑ Cette chose manque-t-elle à mon bonheur ?
❑ Serai-je un jour satisfaite ?
❑ Ai-je vraiment besoin de plus que ce que j'ai actuellement ?

Il nous arrive souvent d'acheter pour nous réconforter et nous prouver que nous sommes méritantes – que nous méritons quelque chose de nouveau, quelque chose qui nous vaudra de l'attention et des compliments, et qui alimentera notre besoin d'être aimées et accomplies. Savoir faire la différence entre ce dont on a envie et ce dont on a besoin est essentiel à l'estime de soi et au bonheur en général (pour ne pas parler de la santé de nos comptes en banque). Se passer des choses qui nous font plaisir n'est pas la solution, mais acheter pour surmonter le sentiment qu'on ne suffit pas tel qu'on est n'est pas la réponse non plus.

Nous savons toutes reconnaître dans notre for intérieur quand nous n'avons besoin de rien. Se faire plaisir de temps à autre est acceptable, à condition de pouvoir se le permettre. Le pouvoir vient de la conscience d'avoir le choix et d'être honnête quant aux raisons de ses achats.

Les pièges du bonheur

Nous sommes nombreuses à tomber dans les « pièges à pensée » qui inhibent notre bonheur en nous mettant sur une route qui nous en éloigne. Les mères qui travaillent doivent faire face à deux fois plus de pièges tandis qu'elles cherchent à être parfaites sur le plan maternel et professionnel. Dans tous les groupes de discussion que nous avons tenus à travers le monde, aussi bien avec des créatrices d'entreprises qu'avec des employées salariées ou payées à l'heure, les mères au travail parlaient systématiquement des mêmes pièges, dont les plus courants :

- Super Mom
- Les questions d'argent
- Les besoins de qui ?
- Le ressentiment

- Je suis ce que je fais
- Le doute de soi
- La bonne vitesse

SUPER MOM

Poussées par la crainte de ne pas être à la hauteur, les mères qui travaillent courent après la perfection au travail et à la maison, sans se rendre compte que la perfection est inatteignable dans un cas comme dans l'autre.

Le prototype de la mère idéale, c'est une maman qui est toujours là pour aider à faire les devoirs, lire une histoire ou faire des biscuits pour la classe. Elle est toujours disponible, physiquement et émotionnellement ; elle ne perd jamais patience ; elle n'oublie jamais de signer un mot d'autorisation ou d'apporter des oranges à la partie de football. L'employée idéale, quant à elle, fait toujours ce qu'elle a à faire. Cadre ou commis de restaurant minute, elle est toujours là quand on a besoin d'elle ; elle fait son travail impeccablement, guide ses collègues, satisfait les clients et présente son patron sous un jour favorable. Elle ne perd jamais les pédales, ne dépasse jamais une échéance ou un rendez-vous et ne commet jamais d'erreur.

Vous n'en demandez pas tant de vos enfants ou de votre conjoint que vous aimez et acceptez pour qui ils sont. Vous ne voulez pas qu'une fois adultes, vos enfants se rendent malades à rechercher sans cesse la perfection. Vous voulez qu'ils s'aiment et s'acceptent afin de trouver le bonheur et la paix. Pourquoi vous traiteriez-vous différemment ?

« Vous n'êtes pas parfaite – mais ça ne fait rien », dit Sharon Allen, mère de deux enfants et directrice de police adjointe à Tucson, en Arizona. « Vous devez vous pardonner. La lessive attendra ! Acceptez le fait que vous ne pouvez faire que de votre mieux, que vous êtes humaine, mais ne renoncez pas. Votre cheminement sera peut-être différent de celui que vous aviez imaginé, mais les détours en valent la peine, car on apprend davantage de ses échecs que de ses succès. »

L'histoire d'une mère

Femme de carrière depuis toujours, Sharon Allen a eu un moment de panique lorsqu'elle a accouché de son premier enfant. « Je me suis dit : "Comment est-ce que je pourrais bien concilier une carrière et un enfant ?" » se rappelle cette responsable de l'application de la loi. « Aussitôt que j'ai pris mon enfant dans mes bras, j'ai su que je tenais ce que j'avais de plus précieux dans la vie. »

Ainsi débuta le périple personnel et professionnel de Sharon Allen comme mère au travail et épouse (elle et son mari sont mariés depuis 28 ans). En tant que détective ou directrice de police adjointe, Sharon avait des heures de travail irrégulières. À un certain moment, elle travaillait de 4 heures à 22 heures, ce qui lui permettait de prendre trois jours – un pour s'occuper de la maison, un autre qu'elle consacrait à l'école de ses enfants et le troisième à elle-même. Pendant cette même période, elle obtint un baccalauréat et une maîtrise en éducation auprès d'une université de la région, tout en travaillant à temps partiel comme vigile dans un centre commercial afin de boucler les fins de mois.

« Même avant que ce ne soit la mode pour les mères de travailler, ma carrière progressait bien [...] et c'est vrai, parfois j'avais l'impression que je devais travailler deux fois plus fort que les autres. J'ai aussi commis des erreurs, comme lorsque je harcelais mon fils, qui était au secondaire, pour qu'il se fasse couper les cheveux. "Maman, me disait-il, je suis une bonne personne [...] Je fais ce que tu me demandes et je me tiens tranquille [...] Qu'est-ce que ça peut bien faire que j'aie les cheveux longs ?" J'ai appris à faire des compromis. » (Mon fils fréquente actuellement l'académie militaire de West Point !)

« Le "S" de Super Mom peut parfois perdre de son éclat. Ma vie était un désastre ; je passais les fins de semaine à dormir. On me dit que j'ai bien réussi – moi, je dis que si mes enfants sont devenus des citoyens honnêtes et autosuffisants, c'est que j'ai été une bonne maman. La moitié des défis de la vie consiste à trouver ce que l'on aime faire. On a besoin d'avoir dans son cœur ce sens de réalisation et de servir les autres comme on aimerait être servie. Voilà la clé. »

Les questions d'argent

Il ressort de toutes nos recherches et conversations avec des mères qui travaillent que l'argent est un des principaux éléments d'incitation à travailler et à poursuivre une carrière. Il n'y a aucun doute : les mères au travail contribuent largement au revenu familial. Environ 43 % des femmes interviewées affirment contribuer pour 40 % au moins aux revenus de leur ménage. Si l'argent est la seule compensation d'une mère qui travaille, celle-ci est nettement sous-payée. Travailler requiert énormément de temps et d'énergie, en plus de séparer les mères des êtres qui leur sont chers. « Avant d'être maman, je me contentais de n'importe quelle tâche », dit Stella, consultante de 32 ans qui vient d'avoir son premier enfant. « Maintenant revenue de mon congé de maternité, j'attache beaucoup d'importance à ce que mon travail soit intéressant, faute de quoi je préfère rester chez moi avec mon bébé. »

Les personnes heureuses sont celles capables de trouver de la joie dans leur travail ou de trouver un travail qui leur procure de la joie. Cela ne signifie pas devoir œuvrer pour la paix dans le monde. Ça veut simplement dire trouver ce que vous aimez faire et vous rappeler régulièrement pourquoi cela vous plaît. Travailler fort pour quelque chose que l'on aime est bien moins stressant que simplement travailler fort. Danielle, la coiffeuse de Tucson, est un excellent exemple de cela.

L'histoire de son succès est d'autant plus fascinante et son bonheur d'autant plus triomphant du fait des épreuves qu'elle a endurées. Son histoire, c'est celle d'une mère au travail qui a choisi l'amour et le bonheur malgré des circonstances qui auraient causé à bien des femmes de la colère et de l'amertume.

L'histoire d'une mère

L'histoire de Danielle en est une d'amour et d'épreuves, de force et de persévérance malgré la conjoncture. Danielle est une ravissante femme d'une trentaine d'années au large sourire, à la chevelure magnifique, à la tenue vestimentaire originale, toujours en train de rire et de serrer ses clientes dans ses bras. À la voir, on pourrait croire qu'elle n'a pas le moindre souci. Son récit m'a fait voir la puissance de l'amour et d'une attitude positive, même dans les circonstances les plus difficiles.

— Barrett Avigdor

Danielle fit la connaissance de Keith le troisième jour de sa première année de secondaire. Celui-ci était amusant et romantique. Danielle étant rondelette à l'époque, l'attention et l'amour dont l'entourait Keith stimulaient son estime de soi et lui donnaient le sentiment d'être belle. Tout au long de leurs années de secondaire, elle et Keith entretinrent une relation intermittente qui se termina par leur mariage dès la remise des diplômes.

Keith fréquenta l'université où il obtint un diplôme en sciences comptables. Quant à Danielle, ayant suivi une formation en coiffure et en esthétique, elle se mit à travailler dans des salons de coiffure. Lorsque Keith décrocha son premier emploi de comptable, lui et Danielle mirent en route leur famille. Leur premier enfant, un garçon, naquit avec le syndrome de Gilles de la Tourette et un trouble d'hyperactivité avec déficit de l'attention. Le syndrome de Gilles de la Tourette est un trouble neurologique à la source de tics moteurs et vocaux soudains. Deux ans plus tard, Danielle mit au monde un deuxième enfant, suivi l'année suivante par un troisième. Pendant sept ans, elle et Keith connurent un mariage parfait. Ils étaient très amoureux. Ils s'amusaient avec leurs enfants et étaient très actifs au sein de leur église. Ils se débrouillaient bien financièrement et réussissaient à mettre de l'argent de côté. Leur demeure débordait d'amour et de rire.

Un jour, tandis qu'il effectuait des travaux sur la maison, Keith s'étira un muscle du dos. Le médecin lui prescrivit le narcotique Vicodin, et ce fut le début de la fin. Pendant longtemps, Danielle ne s'aperçut de rien. Keith se rendait au travail tous les matins et revenait à la maison tous les soirs. Puis Danielle constata qu'il tirait de l'argent de leur compte, mais ne posa pas de questions.

Quand Danielle finit par le confronter, Keith prenait trente pilules par jour. Il se procurait du Vicodin auprès de certains locataires de leurs immeubles de location, se faisant payer en narcotiques plutôt qu'en espèces. Dérobant chez lui des objets de valeur, il les donnait en gage en échange d'argent qui lui permettait d'acheter de la drogue. Il alla jusqu'à mettre en gage l'Xbox qu'ils avaient acheté aux garçons.

Enfin, Danielle mit Keith devant un ultimatum, et celui-ci accepta de suivre un programme de désintoxication. Danielle fit alors changer toutes les serrures de la maison, car elle ne pouvait pas risquer avec trois jeunes enfants que Keith ait donné sa clé à quelque ami toxicomane.

Une fois que Keith eut quitté le centre de réadaptation, son état se dégrada rapidement. S'étant installé dans un de leurs logements de location, il se mit à prendre de la cocaïne. En moins d'un an, du comptable respectable, mari et père qu'il avait été, il devint vagabond toxicomane. Il revenait parfois à la maison pour quémander de la nourriture ou de l'argent, ce qui fendait le cœur de Danielle qui ne manquait jamais de lui donner quelque chose.

Pendant deux ans, Danielle évita de raconter à ses fils ce qu'était devenu leur père. Elle voulait préserver l'image qu'ils avaient de lui et de l'excellent papa qu'il avait été. Elle se contenta de leur dire qu'il avait dû partir. Quand ceux-ci s'apercevaient que quelque chose manquait – des meubles, une télévision, un caméscope –, Danielle leur disait simplement « Papa en avait plus besoin que nous », ce à quoi elle ajoutait « Nous n'avons pas besoin de ces objets. Notre maison est faite d'amour. »

Entretemps, Danielle ouvrit un salon avec Kathy et Sherri, deux de ses meilleures amies. Elle adore son travail qu'elle voit comme la possibilité de donner aux femmes confiance en elles et de les aider à voir leur propre beauté. Elle aime énormément ses associées en affaires avec qui elle partage des rires comme des pleurs et sur qui elle peut compter jour après jour. Leur soutien, ainsi que celui de ses parents et de ses frères et sœurs, l'a aidée à rester forte et optimiste.

Le jour de ce qui aurait été leur dixième anniversaire de mariage, Keith l'attendait devant chez elle, propre et sobre, lorsqu'elle rentra du travail. Il lui demanda pardon pour tout le mal qu'il lui avait fait. Ils parlèrent des temps heureux, puis Keith joua quelque temps avec les enfants et s'en alla. Trois semaines plus tard, il se fit renverser par une voiture et y laissa la vie. Il avait 35 ans.

Danielle laissa passer deux ans avant de raconter à son aîné la vérité concernant son père. L'ayant écoutée attentivement, celui-ci lui dit en hochant la tête: « Longtemps, je t'en ai voulu pour le départ de papa. Je suis content que tu m'aies dit la vérité. »

Marquant une pause, il regarda à nouveau sa mère. « Donc le Xbox et le caméscope, c'était papa… ? » Danielle acquiesça. « Ce n'est pas grave, dit-il, nous n'avons pas besoin de ces choses. Notre maison est faite d'amour. »

P.-S. Trois ans après la mort de Keith, Danielle se remaria. Son nouveau mari et elle firent deux lunes de miel: une première avant leur mariage – une semaine au bord de mer en compagnie de Kathy, de Sherri, des parents de Danielle et d'autres amis – et une à Disneyland avec les garçons, après leur mariage.

Les besoins de qui ?

Depuis qu'il existe des bébés, les femmes sont des pourvoyeuses de soins. Nous devenons férocement protectrices de nos enfants, biologiques ou adoptés.

Faire plaisir à nos enfants – et aux autres – peut devenir un travail à temps plein si nous permettons qu'il en soit ainsi. C'est la raison pour laquelle il est important de fixer des limites pour soi-même et pour son entourage. En tant que mère au travail qui doit concilier famille et travail, vous disposez de moins de temps et d'espace à l'intérieur desquels établir ces limites. Votre vie est un marathon, pas une course de vitesse. Pour gagner, nous devons apprendre à doser nos efforts. Accordez-vous autant d'importance qu'à vos enfants, votre conjoint et votre travail.

Pause d'autoaccompagnement : posez les bonnes questions

Connaître les bonnes questions à vous poser peut vous aider à déterminer si vous êtes sur la bonne voie sur le plan personnel et professionnel, et si les décisions que vous prenez vous sont favorables.

- Est-ce la bonne chose à faire, que ce soit à ce stade de ma vie, ou n'importe quand ?
- Comment le savoir ? Comment jauger ?
- Le moment est-il opportun ?
- Cela me convient-il en tant que mère ?
- Cela me convient-il en tant qu'associée ?
- Cela convient-il au bien-être de mon enfant ?
- Serais-je plus heureuse, en meilleure santé ou me porterais-je mieux autrement si j'acceptais cela ?
- Y a-t-il quelque chose à en tirer à court ou à moyen terme ?
- À quoi puis-je mesurer mon succès si j'accepte de faire cela ?

Vous rappelez-vous Sue, la grand-mère au travail dont nous avons parlé au Chapitre 1 ? Voilà une pourvoyeuse de soins extraordinaire : elle élève sa petite-fille, s'occupe du bien-être de ses deux enfants et de son mari, prend soin de ses parents âgés, en plus de travailler consciencieusement. Elle donne de façon désintéressée et en abondance, et en tire une grande joie. Mais Sue ne s'oublie pas pour autant. Malgré son horaire très chargé, elle trouve le temps – un jour par semaine – de prendre soin d'elle et de ses besoins. Sue vit en fonction de ses valeurs chez elle et à l'école où elle travaille, embrassant l'essence du véritable bonheur dans tout ce qu'elle fait.

Pause d'autoaccompagnement : faire plaisir aux autres et se faire plaisir à soi

Connaître ses priorités constitue une grande part de l'apprentissage du bonheur. Prenez quelques minutes pour réfléchir à quelques-unes des choses les plus stressantes que vous faites dans la vie, et posez-vous pour chacune les questions suivantes :

- Si je fais cela pour vous, comment me sentirai-je (heureuse ou malheureuse) ?
- Ai-je le temps de faire cela pour vous ou de m'y engager ?
- Quels besoins propres devrais-je remettre à plus tard si je fais cela pour vous ?
- Est-ce que je fais plaisir aux autres pour remplir mon besoin d'être aimée – ou parce que j'aime m'occuper des autres ?
- Pourrai-je remplir mes propres besoins même si je fais cela pour vous ?
- Cela contribuera-t-il à mon bonheur ?
- Est-ce que je vous fais plaisir simplement parce que c'est pour moi la solution de facilité ?
- Devrais-je changer quelque chose à ma vie pour me faire plaisir ?

Toute relation peut être définie comme un flux d'énergie entre nous et l'autre. Dans une relation bien équilibrée, ce flux circule dans les deux sens. Vous donnez de l'énergie et vous en recevez. Cependant, bon nombre de relations sont unilatérales.

FIGURE 5.1 SCHÉMA DE POUVOIR

Élevé = toujours
Moyen = parfois
Faible = rarement

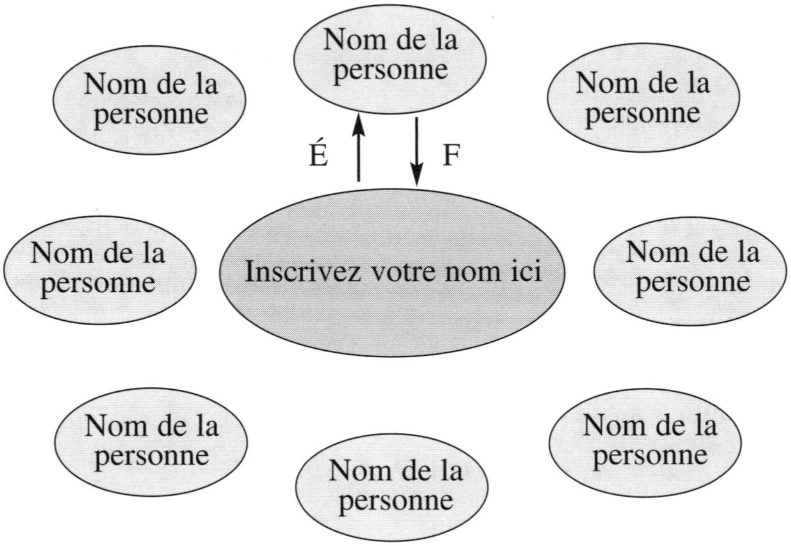

On peut être donneuse ou receveuse d'énergie, mais de façon unilatérale. Jetez un coup d'œil sur le schéma de pouvoir de la figure 5.1

Qui a besoin de votre temps et de votre énergie ?

- Votre mari ou conjoint
- Votre patron ou votre associé
- Vos enfants
- Vos clients

Suivez le cours de votre énergie.

- Inscrivez votre nom dans l'ovale central.
- Dans chacun des autres, inscrivez le nom d'une personne à qui vous avez souvent affaire.
- Tracez une flèche pointant en direction des personnes en qui vous investissez du temps et de l'énergie en indiquant le niveau élevé, moyen ou faible de temps et d'énergie que vous investissez en chacune d'elles.
- À partir du nom de chacune de ces personnes qui vous donne du temps et de l'énergie – et donc vous énergise – dessinez une flèche pointant en votre direction, en indiquant la nature élevée, moyenne ou faible de son investissement en vous.

Examinez les résultats obtenus.

- Regardez les flèches.
- Y a-t-il un déséquilibre entre ce que vous donnez et ce que vous recevez ?
- Pourquoi ce déséquilibre ?
- Que pouvez-vous faire pour mieux équilibrer votre relation ? Devez-vous donner moins ? Devez-vous demander davantage en retour ?

Le ressentiment

Quand on sent qu'on n'en peut plus entre le travail et la maison, il est facile d'éprouver du ressentiment – envers son conjoint parce qu'il ne vous aide pas assez à la maison (ou parce qu'il n'y a pas de conjoint du tout), envers son patron parce qu'il est intransigeant, envers les mères au foyer qui semblent vous juger durement et envers ses enfants aux exigences sans fin. Votre stress et votre épuisement peuvent fomenter une colère muette et accablante nuisant à votre bonheur.

Pour trouver le bonheur, il est essentiel d'emprunter le chemin qui consiste à lâcher prise de cette colère et d'apprendre à pardonner. Pardonnez-vous ; pardonnez à votre famille ; pardonnez à vos amis ; pardonnez à vos collègues et pardonnez aux personnes qui, à votre avis, portent un jugement sur vous ou entravent vos rêves. Si vous lâchez prise de votre colère – véritablement –, vous éprouverez un soulagement immense qui fera de la place au bonheur dans votre tête et dans votre cœur. En nous accrochant à notre ressentiment, nous créons dans notre cœur et dans notre esprit un roc qui inhibe notre bonheur.

À titre de mères, nous nous efforçons d'être aimantes et clémentes. La façon dont nous choisissons de pardonner et de manifester notre amour est un don que nous communiquons et enseignons à nos enfants. Le pardon est une composante essentielle de l'amour inconditionnel. Néanmoins, il nous arrive d'être si profondément et véritablement blessées par les actions des autres que nous avons l'impression que nous ne trouverons jamais la force de pardonner.

Peu importe que dans notre esprit et notre cœur nous voyions le pardon comme une question morale, religieuse, juridique, ou simplement un besoin essentiel à notre santé physique et émotionnelle, celui-ci imprègne tout notre être. Peu importe où nous le puisons, notre pardon doit être entier si nous voulons véritablement nous sentir entières et heureuses. Toute limite imposée à notre capacité et à notre volonté de pardonner est une limite imposée à notre propre bonheur. Lorsque nous retenons notre pardon, nous faisons du mal à nous-mêmes et aux autres.

Le pardon est une question qu'il nous faut étudier et appliquer avec soin si nous voulons être des adultes heureuses et en parfaite santé. L'acte du pardon va au-delà de la simple gentillesse ou de paroles sans conviction. Le pardon apporte sa propre guérison spirituelle, morale et biologique à l'esprit et au corps. Dans notre monde imparfait, les occasions de pardonner ne manquent pas, mais on peut en profiter pour grandir et guérir. La graine de pardon est inhérente à chaque être humain. Tout le monde est capable de pardonner. Et ce qui importe plus encore, c'est que nous pouvons tous être absous. Il n'en tient qu'à nous.

Véritablement heureuse – Une histoire d'espoir

Michael S. Barry, docteur en pastorale sacerdotale, auteur du livre intitulé *A Reason for Hope* (David C. Cook Publishing, 2004) et directeur des CTCA (Cancer Treatment Centers of America) à Philadelphie a une formule pour le pardon. Il s'agit d'un croisement entre la guérison « théophostique » (du grec *theo*s = Dieu et *phos* = lumière) et la thérapie du récit ou guérison grâce au pouvoir de la réflexion et de l'extériorisation, que ce soit par le chant ou par l'écriture poétique.

La guérison théophostique repose sur la théorie selon laquelle « la vérité rend libre », d'après le Dr Barry. « Souvent, ce sont des pensées irrationnelles ou un mensonge que nous entretenons qui nous retiennent empêtrés dans la haine et la rancune. En recherchant la vérité sur nous-mêmes et sur ce qui nous est arrivé, nous sommes plus aptes à voir les événements sans honte ni blâme. En nous soulageant de ce fardeau de honte ou de blâme, nous ouvrons notre cœur à la possibilité de pardonner. »

Il importe de bien faire la distinction entre le pardon et un acte pardonnable. Je m'explique : par nos actions, nous pouvons involontairement être la cause d'un malentendu ou d'attentes non réalisées. Ce sont là des actes pardonnables. Il appartient dans ce cas à la personne visée de décider si elle veut pardonner. Certaines actions sont à la fois pardonnables et dignes de pardon. La cruauté et les coups et blessures intentionnels ne sont pas des actes pardonnables, même si nous sommes capables de les pardonner. Les circonstances les plus abominables comme la guerre ou le crime, qui ne sont pourtant pas des actes pardonnables, peuvent aussi être pardonnées. Notre capacité de pardonner est ce qui nous rend véritablement humains.

Il appartient à chacun de nous de choisir de pardonner ou de s'accrocher à des émotions inutiles de colère, de souffrance et de ressentiment dues à certaines actions pardonnables ou non. Les réactions biologiques à la colère et au stress sont bien documentées. Si l'activité physique du pardon fait toujours l'objet de recherches scientifiques, nous savons néanmoins que l'acte émotionnel du pardon peut accélérer notre guérison spirituelle, et de ce fait, selon bien des sources, contribuer largement à notre santé physique.

Ayant compris l'importance de lâcher prise de votre colère et d'apprendre à pardonner, commencez à vous entraîner. Le pardon est un art qui ne s'apprend pas du jour au lendemain, mais qui, avec de l'entraînement, devient de plus en plus facile.

Une des premières étapes en matière de pardon consiste à apprendre à se débarrasser de son ressentiment. Pour ce faire, vous devez commencer par en déterminer la ou les causes, puis trouver les moyens de le dissiper. Si vous avez besoin de plus d'aide à la maison ou au travail, que pouvez-vous faire pour l'obtenir ? Avez-vous même demandé de l'aide ? Vos enfants sont peut-être assez grands pour vous aider un peu plus qu'ils ne le font. Votre conjoint peut sans doute aussi endosser un peu plus de responsabilités.

Vous devez aussi envisager la possibilité que vous essayez d'en faire plus qu'il n'est nécessaire. À quel point les considérations qui vous causent du ressentiment et inhibent votre bonheur sont-elles importantes ? Par exemple, la maison doit-elle vraiment être impeccable tous les jours de la semaine ? Est-il impératif que vous travailliez sur ce rapport jusqu'aux petites heures du matin ? Ne perdez pas de vue le fait que la perfection n'est *pas* un objectif réalisable.

Liste de vérification en matière de culpabilisation

Tout au long de ce livre, il est question de culpabilisation et des excuses auxquelles nous avons toutes recours, et qui nuisent à notre efficacité et à notre bonheur. À partir des exemples qui suivent, créez votre propre liste de sujets de culpabilisation et d'excuses, puis prenez la résolution d'essayer de les éliminer de vos pensées et de vos actions.

Liste de vérification en matière de culpabilisation et d'excuses

- Ne pas apprendre de ses erreurs
- Se donner des excuses
- Se servir des autres
- Se sentir coupable envers telle ou telle personne
- Viser l'homme de ses rêves
- Autre

L'histoire d'une mère – La victoire d'une mère

Âgée de 42 ans, Jayne Rager de Garcia Valseca n'est pas une mère au travail ordinaire. Il faut dire que son histoire et sa capacité inouïe de trouver de la joie et du pardon au plus profond de son désespoir et des épreuves endurées n'ont rien de commun non plus.

Jayne se fait traiter actuellement pour un cancer du sein aux Cancer Treatment Centers of America, à Philadelphie. Mais ce n'est pas la première fois. À 38 ans, cette femme s'était fait diagnostiquer un premier cancer du sein dont elle s'était remise complètement. Cette fois cependant, elle a dû apprendre une sorte de pardon hors du commun pour réussir à retrouver une vie normale.

«J'ai vécu une vie digne d'un livre de conte, et j'étais certaine d'avoir laissé le cancer derrière moi. C'est alors qu'il nous est arrivé quelque chose d'abominable. Nous vivions au centre du Mexique et étions sur le point de prendre des vacances en famille.

« Mon mari et moi rentrions à la maison après avoir déposé les enfants à l'école lorsque, à environ un kilomètre de là, nous sommes tombés dans une embuscade. Ayant intercepté notre voiture sur une route secondaire, des agresseurs armés ont fracassé les vitres et nous ont extirpés de la voiture. Ça s'est passé en l'espace de quelques secondes, mais des secondes étourdissantes et effrayantes.

« Mon mari a d'abord été frappé d'un coup de crosse de pistolet sur la tête. Puis, nous avons été contraints de monter dans une voiture que les ravisseurs avaient prévue pour s'enfuir. La tête recouverte de taies d'oreillers, nous avons été liés, pieds et poings, avec du ruban adhésif en toile. Au bout d'une quinzaine de minutes, j'ai été relâchée dans une région boisée au bord de la route. Je ne savais pas ce qui se passait. Ils ont emporté mon mari, me laissant seule avec une demande de rançon de plusieurs millions de dollars.

« La suite fut un véritable enfer. Pendant sept mois et demi, ils l'ont gardé séquestré jour et nuit dans un petit placard dépourvu de fenêtre, sous des lumières vives et avec de la musique forte. Mon mari était nu une grande partie du temps, entre la vie et la mort ; il dormait sur un plancher froid et était très peu nourri. On le battait tous les jours et, à deux occasions, on lui a tiré dessus à bout portant – une première fois dans la jambe, l'autre dans le bras –, dans le but de m'envoyer des photos pour me motiver à leur procurer la rançon – que nous n'avions pas les moyens de payer. Je ne savais quoi faire. Il fallait à tout prix que je trouve le courage de continuer malgré les circonstances.

« Pendant cette période, j'ai méprisé ces personnes pour les souffrances qu'elles infligeaient à mon mari et ce qu'elles faisaient à notre vie. J'étais en colère et je voulais me venger. Je rêvais que je les décapitais, tel un samouraï. Ces pensées m'apportaient une grande satisfaction. Je me suis adressée à un pasteur qui m'a conseillé de prier pour les ravisseurs et pour une résolution pacifique ; il m'a fait don d'une magnifique prière, mais cela ne m'a pas suffi. La vie était un enfer pour nous tous, mais j'avais l'impression que c'était moi qui en souffrais le plus, car je devais tenir le coup pour les enfants et pour la famille. J'avais peur de montrer mes vraies émotions. Je ne pouvais même pas pleurer à mon aise, car une fois ouvertes, les vannes auraient été impossibles à fermer et je pensais ne jamais pouvoir m'en remettre.

« Lorsque mon mari a finalement été libéré, même si j'étais ravie de le récupérer, j'étais accablée par la cruauté de son traitement et par son état physique. Bien que ne pesant plus que 41 kilos et marchant avec peine, il était resté fidèle à son caractère extraordinaire et incroyablement positif, montrant de la reconnaissance pour chaque seconde de vie.

« Cette histoire a eu surtout raison de moi en fin de compte. Au cours des quelques semaines qui ont suivi le retour de mon mari, j'ai découvert une autre masse dans un de mes seins. Lorsque le diagnostic est tombé, je n'ai même pas été surprise. J'avais tellement souffert que cette nouvelle m'a laissée indifférente.

« Lorsque je suis arrivée au Cancer Treatment Centers of America, le directeur en pastorale sacerdotale Michael Barry m'a initiée à l'idée que le pardon est un acte d'amour de soi et un outil de guérison émotionnelle. Je savais que je ne voulais pas laisser toute cette haine et cette colère continuer de me causer du tort, mais de là à pardonner à ces criminels ! J'ai tenté de justifier ma fureur, ce à quoi le pasteur m'a répondu : "Voilà, Jayne, le cadeau que tu te fais".

« Puis celui-ci m'a donné comme devoirs de rédiger une lettre à l'intention des ravisseurs. J'ai ainsi couvert cinq pages leur disant tout ce que je pensais d'eux. Quel SOULAGEMENT cela m'a procuré ! Je me suis sentie comme une véritable marmite à pression éjectant brutalement son couvercle !

« Le Dr Barry m'a ensuite conseillé d'écrire une deuxième lettre, en tâchant cette fois de faire preuve d'un peu d'empathie à leur égard. Il m'a rappelé combien nous sommes tous loin d'être parfaits, et que dans les circonstances propices, nous sommes tous capables d'atrocités. M'étant assise pour écrire, je n'avais plus rien à dire. J'ai donc décidé de me détendre, de respirer profondément – de méditer en quelque sorte – et d'imaginer ces criminels lorsqu'ils étaient bébés. Puis j'ai imaginé ce qu'ils avaient pu vivre avant de devenir des criminels. Cela m'a pris environ une heure pendant laquelle j'ai ressenti dans mon être un profond soulagement. Or là où j'en ai senti le plus, c'est là où les médecins avaient trouvé des tumeurs.

« Je me suis mise à me demander quelle part de mon cancer était le résultat de ma propre rétention toxique de pensées et d'émotions négatives, de ma propre façon d'assimiler les événements (et donc dépendait de moi). Je me suis sentie transformée. Depuis lors, même mes traitements sont devenus plus faciles à supporter ; après chacune des séances, je me levais au lieu de rester couchée à me morfondre. J'ai adopté une approche positive face à ma propre guérison et j'y travaille très activement. J'ai maintenant une attitude très positive. Je me rétablis de façon remarquable, et j'espère que d'autres personnes comprendront vraiment l'importance du pardon et de la pensée positive en matière de guérison. »

P.-S. Tandis qu'elle poursuit la route de la guérison, Jayne est en train d'écrire un livre sur son expérience au Mexique – *While Mariachis Played.*

Je suis ce que je fais

Les mères qui travaillent sont nombreuses à croire qu'elles ne sont rien sans leur emploi. Elles pensent à tort que c'est le prestige entourant celui-ci ou leur contribution financière au revenu familial qui leur donne de la valeur. Bien sûr, leurs enfants leur diraient immédiatement que c'est loin d'être le cas. Plutôt que de reconnaître leur valeur intrinsèque d'êtres humains, ces mères pensent que leur valeur dépend de leur chèque de paie ou de leur description de travail. Elles sont convaincues que ce qui compte, ce n'est pas la personne qu'elles sont, mais ce qu'elles font ou ce qu'elles gagnent. Cette façon de penser peut vous retenir prisonnière d'un emploi qui vous apporte peut-être bien un titre prestigieux ou un revenu à six chiffres, mais qui ne vous procure aucune joie.

Le bonheur s'amorce lorsque vous apprenez à accepter le fait qu'on vous aime et que l'on vous apprécie pour la personne que vous êtes – et non pas pour ce que vous faites. Le bonheur s'amorce quand on apprend à s'aimer soi-même. Peu importe votre choix – rester à la maison à titre de PDG de la famille, ou rester dans le milieu du travail –, il est important que vous sachiez qu'on vous aime et qu'on vous apprécie pour la valeur que vous introduisez à titre de personne heureuse. La vérité, c'est que nous pouvons toutes être des mères au travail heureuses. Après tout, nous travaillons à la maison tout aussi fort – sinon plus – qu'une associée à temps plein. Nous avons toutes un travail dans la vie – à la maison ou au travail. Notre succès dans l'un comme dans l'autre cas se mesure à la qualité de nos relations, et non pas à notre titre. Ce qui fait notre réussite, ce sont les personnes que nous fréquentons, et non pas l'argent que nous gagnons.

L'histoire d'une mère

«J'aspirais à devenir associée de mon entreprise. J'en étais aussi à mon troisième trimestre de grossesse: le bébé que j'attendais devait s'appeler Emma. Alors âgée de 38 ans, je réussissais très bien, j'étais heureuse en couple et déjà mère d'une adolescente formidable du nom d'Elisabeth. J'avais le cœur à la bonne place, mais pas la tête.

« Un frais matin d'automne, j'ai quitté la maison pour me rendre à une réunion qui se tenait à deux heures de là. J'étais en retard. Tandis que je montais en voiture, j'ai ressenti une douleur dans le dos suivie d'un malaise, mais je suis partie quand même, arrivant en fin de compte à l'heure pour mon rendez-vous. Cependant, tout au long de la route, je me faisais le discours négatif interne que nous nous faisons toutes lorsque nous ne sommes pas gentilles envers nous-mêmes en tant que femmes ou êtres humains.

« Plus tard dans la matinée, je me sentais de mal en pis. Tandis que, debout devant un auditoire composé exclusivement d'hommes, je contribuais à une séance importante de planification et de stratégie pour mon client, j'ai senti que ma plus grande crainte s'était réalisée. Pendant la pause du déjeuner, j'ai donc téléphoné à mon obstétricien-gynécologue pour lui demander les résultats d'un test que j'avais passé et qui a confirmé mes craintes. Le fœtus était mort. J'avais le syndrome de choc toxique et devais me rendre à l'hôpital – ce que je n'ai pas fait – par crainte de perdre mon emploi, mon client et ma crédibilité, et de compromettre ma carrière. Choisissant ma profession au détriment de ma propre santé, j'ai terminé ma journée de travail, et ce n'est qu'à 20 heures ce soir-là que je me suis présentée à l'hôpital !

« Je vous raconte cette histoire dans l'espoir d'inciter d'autres femmes – d'autres mères déterminées, intelligentes et aimantes – à être moins dures envers elles-mêmes : jugement, sentiments de culpabilité, honte, blâme et autres pensées négatives concernant l'impact de leurs actions sur leur carrière et sur leur réussite en général en tant que mères au travail. »

— Cathy Greenberg

La bonne vitesse

Il est facile de se laisser entraîner par la mentalité de filière carrière. Que vous occupiez un emploi de col blanc ou de col bleu, vous êtes entourée de gens qui visent le niveau de directeur, d'associé ou le prochain barreau de l'échelle, quel qu'il soit. Dans la plupart des entreprises, le succès est défini comme la capacité de gravir les différents échelons à une vitesse donnée, à obtenir des promotions ou de meilleures parts ou à diriger une équipe toujours plus importante. Il va sans dire que plus on monte dans la hiérarchie, plus le travail devient exigeant – et vraisemblablement plus chronophage.

Donnez à la mère au travail que vous êtes la permission de suivre le parcours de votre choix à votre gré. Ne laissez pas les autres ou quelque force externe définir votre succès et votre trajectoire vers celui-ci. Il se peut que vous vouliez suivre un «cheminement de maman» plus lent pendant quelques années, tant que vos enfants sont jeunes. Cela ne veut pas dire que vous ne pourrez jamais gravir les échelons de votre entreprise, mais seulement qu'il vous faudra plus de temps pour atteindre votre objectif. Toutefois, c'est à vous de voir si vous êtes à l'aise avec ce compromis. C'est en tout cas le choix qu'ont fait Sherry Brennan de Fox Cable et Sharon Allen. Il se peut également que lorsque vous serez prête à gravir un échelon, vous décidiez de changer d'employeur ou même de créer votre propre entreprise. Mais même si vous décidez de rester chez vous avec vos enfants, il n'est pas nécessaire de vous imposer de limites.

Par contre, si vous voulez vous propulser et atteindre le sommet le plus rapidement possible, n'hésitez pas. Soyez bien consciente, cependant, des répercussions d'une telle décision sur vous et votre famille. Vraisemblablement, vous serez toujours en manque de temps. Si, du fait de votre carrière, vous êtes obligée de faire des voyages d'affaires, le temps consacré à votre famille deviendra une denrée rare. Néanmoins, si vous faites ce choix – plutôt que de vous le voir imposer –, vous maîtrisez votre vie. Si vous êtes mariée ou avez un conjoint, vous aurez besoin de son aide. Les mères au travail à qui nous avons parlé et qui ont atteint le sommet de la carrière de leur choix ont toutes souligné l'importance d'un conjoint qui ne se contente pas de les soutenir, mais qui est fier de leurs exploits. Lorsqu'on choisit son propre cheminement plutôt que de se le faire imposer, le travail ardu et les difficultés sont plus faciles à supporter.

L'histoire d'une mère

« Dès l'âge de huit ans, j'ai su que je voulais être avocate. Mon ADN étant bien déterminé à faire de moi une avocate accomplie, c'est ce que je suis devenue.

« À ma grande surprise, je me suis retrouvée à 34 ans avec un mari aimant et deux enfants. Or ni mari ni enfants n'avaient jamais fait partie de mes plans.

« Nous avions une merveilleuse bonne d'enfants qui s'occupait tellement bien de mes fils que je me sentais superflue. Je commençais à me dire que mon dessein était de faire de l'argent pour payer la bonne, afin que les garçons soient heureux avec elle puisqu'elle était meilleure mère que moi. Ma frustration ne faisait que s'amplifier, jusqu'au jour où j'ai pris une décision radicale. Je voulais quitter Chicago pour m'installer à Tucson. Heureusement, mon employeur m'a donné l'autorisation de travailler à distance, ce qui m'a permis d'être à la fois avocate et maman à temps plein.

« Mon mari m'a été d'un grand soutien et a accepté de suivre ce plan farfelu. C'est la décision la plus dure, mais aussi la meilleure que j'aie jamais faite. Ma carrière a pris une tout autre direction, mais je continue d'aimer énormément mon travail et les personnes à qui j'ai affaire. De plus, j'ai pu consacrer des années précieuses à mes fils, les aider à faire leurs devoirs, suivre leurs activités sportives et rencontrer leurs amis.

« Jamais je n'atteindrai les objectifs que je m'étais fixés il y a longtemps, mais j'en ai d'autres maintenant. Mes fils sont presque sortis de l'enfance et je suis ravie d'avoir fait le choix de profiter de ces précieuses années. »

— Barrett Avigdor

Le doute de soi

Les mères au travail mettent toujours en doute leurs décisions. Elles se demandent si elles font le bon choix pour leur famille. Les enfants seraient-ils plus heureux si je restais à la maison à plein temps ? Est-ce que je contribue suffisamment au travail si je quitte tous les jours à 17 heures pour aller chercher les enfants à la garderie ? Si vous faites partie de ces femmes remplies de doutes, nous avons un conseil à vous donner : arrêtez ça. Ayez confiance en vos décisions ; si vous vous trompez, vous ferez, comme toujours, ce qu'il faut pour redresser la situation. Le doute de soi sape dangereusement. Il gruge la confiance en soi et épuise votre précieuse énergie. Vous n'avez pas le temps de douter de vous.

Pour trouver le bonheur dans la vie, fiez-vous à votre instinct. Vous êtes née avec l'instinct maternel, et pour cause, mais ses autres formes sont tout aussi valables. Écoutez vos voix internes. Fiez-vous à votre intuition. Nous recevons toutes de l'information dont nous ne sommes pas forcément conscientes, mais qui éclaire notre cerveau, notre corps et notre intuition.

S'il vous arrive de vous tromper, qu'est-ce cela peut faire ? Accordez-vous la permission de commettre des erreurs. Les erreurs sont le signe de votre apprentissage, de votre croissance, de vos tentatives et de votre créativité. Tout le monde commet des erreurs, même si ce n'est pas tout le monde qui le reconnaît, par peur d'être vu comme étant imparfait. Si vous reconnaissez d'emblée que vous n'êtes pas parfaite et vous permettez de faire des erreurs, vous connaîtrez un bonheur et une liberté sans borne. Ayez les mêmes attentes pour vous que pour vos proches. Vous leur donnez beaucoup de latitude; or vous en méritez vous aussi.

La tristesse

Vous rappelez-vous Tal Ben-Shahar? C'est l'auteur et psychologue qui donne un cours sur le bonheur à l'université de Harvard et dont nous avons parlé au Chapitre 1. Selon lui, les personnes malheureuses peuvent être classées en trois catégories:

1. **Les personnes à haut rendement.** Ce sont celles qui remettent leur bonheur à plus tard. Elles travaillent très fort aujourd'hui, souvent au point d'en souffrir, en se promettant qu'elles seront heureuses quand [...] elles auront obtenu une promotion, gagné un million de dollars ou pris leur retraite. Notre culture occidentale renforce cette approche, car elle récompense les résultats plutôt que les processus. Déjà enfants, nous apprenons à remettre notre plaisir à plus tard: ayant gagné au jeu, obtenu la note ou l'objectif souhaités, nous avons mérité notre bonheur. Seulement alors pouvons-nous être heureux. Il arrive trop souvent cependant que l'atteinte de l'objectif apporte, non pas du bonheur, mais uniquement du soulagement et le besoin de se fixer un autre but.

2. **Les chercheurs de plaisir** recherchent le plaisir du moment sans se soucier de l'avenir. Leur vie est concentrée sur la quête du plaisir et l'évitement de la souffrance. Au fil du temps cependant, le manque de signification ou d'objectif de cette poursuite rend les hédonistes nerveux et malheureux.

3. **Les personnes qui ont renoncé** au bonheur. S'étant résignées à croire que la vie n'a aucune signification, ces personnes traversent la vie en mode automatique, sans connaître véritablement de hauts ou de bas, sans passion ni désespoir. Elles souffrent de la fausse croyance voulant que le bonheur soit tout simplement inatteignable.

Que ce soit lors de nos recherches ou parmi nos connaissances personnelles, nous n'avons jamais rencontré de mère appartenant à la catégorie des chercheurs de plaisir. La plupart des femmes de ce type savent qu'élever des enfants est un travail ardu et pour cette raison n'en ont généralement pas. Quand par contre elles deviennent mères, elles cessent d'être des chercheuses de plaisir.

Bien des femmes correspondent au modèle de personnes à haut rendement. Elles croient qu'elles trouveront le bonheur lorsqu'elles auront atteint un certain échelon de leur carrière ou quand leurs enfants seront moins exigeants. Ce dont elles ne se rendent pas compte, c'est qu'il y aura toujours de nouveaux échelons à gravir. Quant aux enfants, lorsqu'ils auront passé l'âge d'être exigeants, il sera temps pour eux d'aller à l'université. En vivant trop pour l'avenir, ces femmes perdent de vue la beauté du présent.

Les mères au travail les plus malheureuses sont celles qui ont renoncé au bonheur, vivant leur vie comme des robots, accomplissant une gamme surprenante de tâches au travail et à la maison, mais sans en tirer beaucoup de joie. Ces femmes sont trop épuisées – émotionnellement, spirituellement et physiquement – pour ressentir de la joie ou quoi que ce soit d'autre. La vie ne représente pour elles qu'une corvée, un moment à passer. En cours de route, elles éprouvent rarement de hauts ou de bas. Elles adorent leurs enfants et font en sorte qu'ils soient en sécurité, en bonne santé et qu'ils fassent leurs devoirs, mais le temps qu'elles passent avec eux ne leur apporte que peu de joie. Ces femmes sont prisonnières d'une liste interminable de tâches à accomplir et leur seul objectif est de pouvoir en cocher.

Nous espérons qu'ayant lu le présent livre, vous renoncerez à faire partie de ces modèles de mères. Nous souhaitons que vous trouviez le bonheur en alignant votre temps sur vos valeurs, en vous entourant de personnes qui vous apportent de l'énergie positive et en trouvant de la joie dans les petits instants de tous les jours.

Milieux de travail défavorables à la famille

Si vous êtes une mère travaillant aux États-Unis, vous avez sans doute trouvé, au moins à l'occasion, que les règlements ne sont tout simplement pas favorables à la famille. Et vous avez raison. Les États-Unis « traînent misérablement derrière les pays à revenu élevé et bon nombre de pays à revenu moyen et faible » en ce qui a trait aux conditions de travail des familles, selon l'Institut des politiques sociales et de la santé de l'Université McGill.

> *Je pense qu'aux États-Unis, nous devrions davantage respecter les congés et les vacances qui représentent mieux que toute autre chose notre culture. J'aimerais voir une culture qui accorde et respecte de vraies trêves de travail, même si une part de cela [cette attitude] est autoimposée.*
>
> — Jill Smart, mère au travail et chef des ressources humaines d'Accenture

« De plus en plus de pays offrent une protection au travail dont des millions d'Américains ne peuvent que rêver », affirme la Dre Jody Heymann, principale auteure de cette étude, fondatrice du projet sur les familles au travail de l'université Harvard et directrice de l'Institut des politiques sociales et de la santé de l'Université McGill. « Les États-Unis ont été parmi les premiers à adopter des lois visant à assurer l'égalité dans le milieu du travail, mais sur le plan de la conciliation travail – vie familiale, nous sommes parmi les moins bien protégés. »

Voyons quelques observations tirées du document de la Dre Heymann intitulé *The 2007 Work, Family and Equity Index: How Does the U.S. Measure Up?*[1] :

- Des 173 pays étudiés, 168 garantissent un congé de maternité payé, dont 98 accordent un minimum de 14 semaines. Les États-Unis quant à eux n'octroient aucun congé payé aux mères. Le Lesotho, le Libéria, le Swaziland et la Papouasie-Nouvelle-Guinée sont les seuls autres pays étudiés qui ne garantissent pas un congé payé aux mères.

- Au moins 107 pays protègent le droit des mères d'allaiter, ces pauses étant rémunérées dans pas moins de 73 d'entre eux. Les États-Unis ne garantissent pas le droit d'allaiter, même s'il est prouvé que cette pratique réduit le taux de mortalité infantile de 1,5 à 5 fois.

- Au moins 145 pays octroient des congés payés dans le cas de maladies à court ou à long terme, 127 d'entre eux accordant annuellement une semaine ou plus. Les États-Unis n'accordent de congés payés que dans le cas de maladies graves, en vertu du Family and Medical Leave Act qui ne couvre cependant pas tous les travailleurs. Aucune loi fédérale ne prévoit de congés de maladie payés.

- Cent trente-sept pays obligent les employeurs à donner des vacances annuelles payées, mais pas les États-Unis.

- Au moins 134 pays ont des lois limitant les heures de travail. Aux États-Unis, il n'y a aucune limite d'heures de travail ou d'heures supplémentaires obligatoires.

Ces résultats ne veulent pas dire, cependant, qu'il n'existe pas d'entreprises favorables aux familles. Il y en a, et elles se portent bien, car elles ont compris que les employés heureux ont un meilleur rendement, ce qui se traduit par un meilleur bilan. Pour voir la liste des compagnies les plus favorables aux familles et ce qui leur vaut ce titre, consultez la revue *Working Mother* ou son site Web[2].

Bilan : exercices à expérimenter

ÉTABLIR UN CONTACT AVEC SOI-MÊME ET LES AUTRES

Posez-vous les questions suivantes :

- Est-ce que je prends le temps qu'il faut pour établir un contact avec moi-même, mon conjoint et mes proches ?
- Est-ce que je prends le temps qu'il faut pour établir un contact constructif avec les autres ?
- Comment savoir quand je devrais polariser mon attention sur l'établissement de contacts en vue de mon propre bien-être ?
- Que puis-je faire pour améliorer mes capacités de réseautage ?
- Ai-je accès aux bonnes personnes à travers mon réseau et, dans la négative, comment puis-je accéder à de meilleurs contacts ?
- Comment savoir qui peut m'aider ?
- Comment faire le premier pas ?

LA VOLONTÉ D'ÊTRE HEUREUSE

Voici un outil qui vous donnera des idées et des conseils pour vous tirer des pièges du bonheur et qui vous aidera à créer votre propre bonheur durable. Rappelez-vous les traquenards vus dans ce chapitre :

- Super Mom
- Les questions d'argent
- Les besoins de qui ?
- Le ressentiment
- Je suis ce que je fais
- Le doute de soi
- La bonne vitesse

Mode d'emploi :

a. Choisissez les trois principaux pièges dans lesquels vous avez tendance à tomber.

b. Numérotez-les par ordre de priorité, soit 1, 2 et 3.

c. Répondez aux questions suivantes :

Qu'est-ce qui pourrait me faire tomber dans le piège de .... ? Complétez l'affirmation suivante : Je sais que je suis prise à ce piège lorsque… (complétez la phrase par un exemple de comportement lié au traquenard en question).

Si vous vous voyiez vous-même prise à ce piège, que vous recommanderiez-vous pour l'éviter ?

Dressez un lien entre les solutions possibles et ce que vous pouvez faire pour éviter le piège en question.

d. Quelle leçon avez-vous tirée de cet exercice ? Comment pouvez-vous la mettre en pratique et quel type d'aide vous faudra-t-il pour ce faire ?

e. Agissez.

NOTES AU QUOTIDIEN

Tenir un journal quotidien peut vous aider à bien maîtriser votre bonheur. Le modèle qui suit est un bon point de départ. Si vous préférez utiliser votre propre formule, pensez à vous poser aussi les questions suivantes :

Nom : ____________________

Date : __________________

Heure : _________________

- Relations :

  Des souvenirs, interactions ou pensées que vous avez eus aujourd'hui, nommez ceux qui vous ont procuré de l'énergie et ceux qui au contraire vous en ont pris.

  Énergie :

  Comment dériveriez-vous votre énergie aujourd'hui – ce matin, cet après-midi, ce soir ?

  À quel moment s'est-elle modifiée, et que peut-être la cause de ce changement ?

- Valeurs :

  Quelles sont les valeurs qui ont joué un rôle important au cours de cette journée ?

  Avez-vous été fidèle à vos valeurs aujourd'hui ?

  Éprouvez-vous une sensation particulière lorsque vous ne respectez pas vos engagements envers vos valeurs ?

- Pièges du bonheur :

  Quel(s) piège(s) avez-vous réussi à éviter aujourd'hui grâce à votre attitude positive et à votre concentration d'énergie ?

Chapitre 6

Et qu'en est-il des enfants?

Maman, c'est mon héros.
— Rocco, alias « Petit Roc » Fiorentino, 12 ans ; fils de Tina Fiorentino, mère au travail, cofondatrice et directrice administrative de la fondation Little Rock

À partir du moment où vous êtes en paix et heureuse de votre choix de travailler ou de rester à la maison avec les enfants, vous et vos enfants ne pouvez que vous épanouir. Il n'y a pas de bon ou de mauvais choix. Si vous êtes heureuse de rester à la maison avec vos enfants, ceux-ci s'épanouiront. Si vous aimez votre travail et la stabilité financière qu'il procure à votre famille, cette solution peut aussi contribuer à leur épanouissement. C'est aussi simple que cela. Et pourtant, le mythe selon lequel les femmes qui travaillent priveraient leurs enfants de l'attention et de l'amour maternels dont ils ont besoin pour se développer persiste. Or cela n'est tout simplement pas vrai.

Amy, mère au travail de deux enfants, exprime parfaitement cette pensée : « Votre bonheur forme vos enfants. »

Les enfants s'épanouissent dans des familles heureuses

C'est à vous de choisir votre approche vis-à-vis du maternage. Si le fait de rester à la maison à temps plein ou partiel pendant quelques années suivant la naissance de vos enfants correspond à vos besoins et à vos valeurs en plus de vous procurer un véritable bonheur, c'est merveilleux et tout est bien. Cependant, pour des millions de femmes, rester à la maison n'est pas une solution viable, que ce soit pour des raisons financières, émotionnelles ou les deux.

Votre bonheur est essentiel à vos enfants

Ne vous faites pas de souci pour vos enfants : votre choix de travailler ne leur fait aucun tort, selon l'American Academy of Pediatrics. Il n'existe aucune preuve scientifique à l'appui du soi-disant préjudice subi par les enfants dont la mère travaille, affirment les membres de cet organisme prestigieux dans un rapport daté de 2004. « Le développement d'un enfant est plus influencé par la qualité des soins qu'il reçoit, le niveau de stress de la famille et la réaction de cette dernière face à la décision de la mère de travailler. Un enfant bien adapté émotionnellement et entouré d'amour et de soins se développe bien, peu importe que sa mère travaille à l'extérieur du foyer ou non », peut-on lire dans le livre de l'American Academy of Pediatrics *Caring for Your Baby and Young Child – Birth to Age 5*, édité par Steven Shelov, M.D.

Concernant la qualité

Nous voulons toutes que nos enfants soient bien adaptés, entourés d'amour et de soins. Faire en sorte qu'ils aient tout cela ne requiert pas une formule bien compliquée. Toutefois, cela signifie que lorsque nous nous trouvons effectivement en leur compagnie, nous devons être vigilantes et conscientes des messages que nous leur transmettons directement et indirectement.

Le mythe démythifié

En tant que mères au travail, nous tirons principalement notre sentiment de culpabilité de la crainte de causer du tort à nos enfants et de leur causer de la souffrance parce que nous ne sommes pas toujours à leurs côtés. «Le sentiment de culpabilité, c'est la *carte-mère*. Une mère se sent toujours coupable, il n'y a rien à faire», affirme Myf qui vit à Denver, dans le Colorado et qui est mère au travail heureuse de trois enfants maintenant devenus des adultes accomplis. «Il faut dire que j'ai toujours été forcée de travailler, et ça me plaît. Je n'en suis que meilleure, et mes enfants aussi.»

Alors qu'elle élevait seule ses enfants, tout en menant de front deux emplois, Myf a obtenu un bac dans une université locale. «Mes enfants m'ont toujours vue, plongée dans un bouquin; je leur ai servi d'exemple. Maintenant, nous sommes tous des lecteurs voraces», dit-elle.

Les enfants des mères qui travaillent s'épanouissent

Les histoires de réussite ne manquent pas concernant les enfants de mères au travail qui grandissent entourés d'amour et en toute sécurité, et qui mènent une vie heureuse et productive. La presse courante, néanmoins, semble souligner les histoires négatives de mères au travail. Dans les livres et les articles, on passe au crible les problèmes d'enfants laissés à eux-mêmes. Dans les émissions-débats, les femmes qui travaillent sont régulièrement réprimandées pour causer du tort à leurs enfants en les abandonnant tous les jours pour aller au travail. Elles sont tenues responsables de tout, aussi bien de l'obésité infantile que de la recrudescence de l'hyperactivité avec déficit de l'attention parmi les enfants. Ce n'est donc pas surprenant que nous nous sentions coupables. Il est temps, cependant, de faire face à la réalité.

Conseil en matière de bonheur: lorsque vous aurez admis que vous n'êtes pas parfaite et vous serez permis quelques erreurs, vous irez loin sur la route du bonheur.

Véritablement heureuse – Le récit d'une fille

Makenzie Rath est la fille de la mère au travail Kimberly Rath, présidente et cofondatrice de Talent Plus (www.talentplus.com), société internationale d'experts-conseils en ressources humaines basée à Lincoln, dans le Nebraska. Élevée par une mère qui travaillait fort, Makenzie nous fait part de ses impressions :

« Un des gros avantages d'avoir une mère qui travaille, c'est que nous étions tous extrêmement autonomes. Mes frères et moi-même avons appris très tôt à prendre nos propres décisions. Par exemple, si je décidais de me faire couper les cheveux, je vérifiais mon emploi du temps et je prenais moi-même rendez-vous. Nous avons aussi appris à très bien gérer notre temps et notre argent. Nous ayant donné les outils pour réussir, maman comptait sur nous pour nous en servir et faire ce que nous avions à faire. Un autre gros avantage que nous avons tiré de cette situation, c'est la chance de voyager. Nous avons ainsi rencontré des tas de gens d'affaires du monde entier et fait l'expérience d'autres cultures. Tous ces voyages nous ont permis de voir l'immensité du monde et les possibilités illimitées [...] À la fin de la journée, réussir à tout concilier était un réel travail d'équipe. »

En tant que mères, nous donnons le ton à nos familles. Notre bonheur nous aide à élever des enfants heureux, en bonne santé, bien adaptés et accomplis. Même si vous êtes à l'aise à l'idée de travailler et que vous y êtes résolue, vous passerez inévitablement par des moments difficiles. La plupart d'entre nous se sont déjà senties angoissées – et coupables – d'essayer de trouver une garderie ou ont dû vivre un matin un au revoir déchirant. À titre de mères au travail, nous sommes bien conscientes des sacrifices énormes que représente le besoin de partager la garde de nos enfants avec d'autres personnes. Néanmoins, si le travail est un élément important de notre bonheur, les côtés positifs pour nous et notre progéniture l'emportent largement sur les côtés négatifs. D'un autre côté, si notre bonheur consiste à rester à la maison à plein temps et si notre situation financière le permet, c'est ce que nous pouvons faire de mieux pour nous et pour nos familles.

Certaines recherches écartent la notion de préjudice causé aux enfants par une mère qui travaille

Les enfants dont la mère travaille ne se développent pas différemment de ceux dont la mère reste à la maison à temps plein. Les recherches écartent la théorie selon laquelle, en travaillant, les mères porteraient préjudice à leurs enfants.

Véritablement heureuse – Le récit d'un fils

Rocco, alias « Petit Roc » Fiorentino, 12 ans, parle de sa mère Tina, heureuse au travail, cofondatrice avec son mari et directrice administrative de la fondation Little Rock (http://tlrf.org), organisme bénévole à but non lucratif dévoué à la cause des enfants aveugles ou ayant une déficience visuelle.

« Ma mère n'a pas un emploi payant qui lui donne un chèque chaque semaine, mais elle reçoit un salaire bien plus précieux. Elle est bénévole à la fondation Little Rock qui aide les enfants aveugles ou ayant une déficience visuelle comme moi, car je suis né aveugle. *(Rocco est né prématurément avec une chance de survie de 5 %!)*

« Maman, c'est ma vie. Elle est bienveillante et sa nature enthousiaste la rend unique. Elle passe ses journées à parler aux autres mères qui ont aussi des enfants aveugles ou ayant une déficience visuelle et les aide à voir la lueur au bout du tunnel. Elle travaille fort à la création de nouveaux programmes pour tous ces enfants. J'adore travailler auprès d'elle et lui faire part de mes idées.

« Elle écoute toujours ce que j'ai à dire et a toujours mon meilleur intérêt à cœur. Elle m'a appris à croire en mes rêves et à ne jamais renoncer à ce que je considère comme important. Elle me dit que quand on fait don de son temps pour aider une personne dans le besoin, on récolte dans son cœur une récompense dix fois plus grande que l'effort qu'on y a investi.

« Maman est tout pour moi. C'est mon héros ! »

(La fondation à but non lucratif Little Rock basée à Philadelphie offre des bourses d'études universitaires aux enfants aveugles ou ayant une déficience visuelle et dirige un camp conçu pour eux. Les parents peuvent trouver auprès de centres de ressources l'aide dont ils ont besoin pour faciliter l'épanouissement de ces enfants aux besoins particuliers. Suivez le développement de Rocco, cet enfant prodige qui est chanteur, compositeur et pianiste sur www.musicbyrocco.com.)

Le temps qu'une mère passe en compagnie de son enfant n'importe pas autant que ce qu'elle apporte à la relation, selon Aletha Huston, Ph.D., professeure en développement de l'enfant de Priscilla Pond Flawn Regents à l'université du Texas à Austin, et directrice d'une étude datée de 2005 sur les effets de l'emploi de la mère sur le développement d'enfants âgés de 6 à 36 mois. L'étude en question portait sur 1053 mères disséminées dans dix régions des États-Unis.

« Cette étude est l'une des seules à prendre en considération l'utilisation du temps maternel pendant la tendre enfance lorsque se créent les liens cruciaux avec la pourvoyeuse de soins, affirme Mme Huston. On pense que c'est aussi à ce moment-là que le nourrisson apprend ce à quoi il peut s'attendre sur cette terre, par exemple à quel point il peut dépendre des autres. Il va sans dire que la mère est une source importante de soins pendant cette période, mais il n'est pas nécessaire qu'elle soit présente 24 heures sur 24», ajoute-t-elle[1].

Selon les conclusions de Mme Huston, les mères qui travaillent ou qui étudient suppléent au temps qu'elles passent à l'extérieur du foyer. En moyenne, les mamans de cette étude travaillaient ou étudiaient 33 heures par semaine, mais se rattrapaient pendant leurs jours de congé, accordant davantage de temps à leurs enfants et moins aux tâches ménagères, aux loisirs et autres activités. Les nourrissons s'attachaient aussi bien, que leur mère travaille ou reste à la maison. On n'a observé, dans ces deux situations, aucune différence non plus sur le plan du développement du langage, de la capacité cognitive ou du développement social des nourrissons.

L'étude de Mme Huston a confirmé les résultats d'une étude effectuée en 1999 par Elizabeth Harvey, Ph.D., à ce moment-là professeure adjointe de psychologie à l'université du Connecticut, maintenant à l'université du Massachusetts à Amherst. Les résultats de cette étude furent publiés dans la revue Developmental Psychology de l'American Psychological Association[2]. Ce sondage effectué sur une période de vingt ans portait sur 12000 femmes et leurs enfants. Mme Harvey a également découvert que les petits dont la mère avait travaillé pendant les trois premières années de vie ne présentaient pas de différence significative avec ceux dont la mère ne travaillait pas. Lors de tests de vocabulaire et de rendement de l'élève, les enfants dont la mère travaillait tard le soir avaient cependant des notes légèrement inférieures aux autres. Ces différences étaient néanmoins minimes et s'estompaient au fil du temps. En fait, selon l'étude en question, «Certaines données sembleraient indiquer que l'emploi parental influerait positivement sur le développement de l'enfant en améliorant le revenu familial.»

Se culpabiliser parce qu'on travaille

Estelle, mère au travail d'une quarantaine d'années d'une enfant de 11 ans, se rappelle clairement un matin en particulier. Anna, encore bambine, ne pleurait pourtant jamais. « Je venais tout juste de la déposer à la garderie, lorsqu'elle s'est littéralement jetée contre la porte que je venais de refermer. Je l'entendais gémir tandis qu'elle martelait la porte. J'avais l'impression que mon cœur allait sortir de ma poitrine. Je savais qu'Anna était contrariée parce qu'elle avait passé une mauvaise nuit et ne se sentait pas bien, mais j'avais quand même le cœur à l'envers.

Il nous est arrivé à toutes, sans aucun doute, de vivre un *au revoir* déchirant – et de se culpabiliser – comme Estelle. Cependant, pour chacun de ces moments de déchirement, il y a un moment heureux. Lorsque Tara dépose Sam à la garderie tous les jours, celle-ci est tellement contente. « Elle sort de la voiture et me fait un signe de la main accompagné d'un *au revoir* enjoué avant même que j'aie le temps de refermer la portière, dit Tara. Et l'après-midi, elle est contente de me voir : elle accourt puis, jetant ses bras autour de moi, elle ne manque jamais de me dire que je lui ai manqué. »

Claudia se rappelle à quel point le jardin d'enfants a été enrichissant pour son fils. « Quand Max était en maternelle, je me culpabilisais. C'est alors qu'a eu lieu la réunion parents-professeurs. Me prenant par la main, mon fils de quatre ans m'a montré fièrement qu'il avait réussi à maîtriser tous les puzzles et jeux de maths de la classe. Puis il m'a présentée à tous les éducateurs et à chacun des enfants présents. On l'avait surnommé "le maire de Montessori". J'ai su à ce moment-là qu'il n'aurait jamais appris autant de choses en restant à la maison avec moi. »

Liz, mère au travail de quatre enfants qui habite au Delaware, offre ses propres mots de sagesse pour éviter les *au revoir* traumatisants et tout sentiment de culpabilité qui les accompagne : « Ne jamais déposer, toujours aller chercher. » Son mari a été désigné pour déposer les enfants le matin. Les pères et leurs enfants n'éprouvent généralement pas le même niveau d'émotion lorsqu'ils se quittent que les mères et leurs enfants, dit-elle, alors pourquoi ne pas profiter de cet état de fait ?

Se culpabiliser parce qu'on reste à la maison

On en entend rarement parler, mais les mères au foyer se culpabilisent aussi. Cela fait partie du fait d'être mère, et les études le prouvent. Quatre-vingt-quinze pour cent des femmes disent éprouver des sentiments de culpabilité, selon *Mommy Guilt: Learn to Worry Less, Focus on What Matters Most, and Raise Happier Kids* de J. Bort, A. Plfock et D. Renner (New York: AMACOM, 2005). Les auteurs de ce livre ont parlé à des centaines de femmes dont ils ont analysé les réponses en vue de ce livre.

Nos enfants nous aiment et nous leur manquons quand nous en sommes séparés, de la même façon que nous les aimons et qu'ils nous manquent. C'est pourquoi une mère qui travaille – ou une mère quelle qu'elle soit – est triste quand elle manque une activité scolaire ou un événement parascolaire. Cependant, la culpabilisation vient d'ailleurs.

Lori, mère de trois enfants âgés de deux, quatre et huit ans, est une mère au foyer d'une trentaine d'années. « Je vais m'entraîner au gymnase tous les jours. J'emmène les enfants à la garderie où une dame formidable s'occupe d'eux. Je me sens coupable, mais il y va de mon équilibre mental, si vous voyez ce que je veux dire. »

Des attentes irréalistes

Nous sommes nombreuses à avoir été élevées aux États-Unis avec, comme modèle idéal, la mère au foyer. La télévision nous a fourni des icônes culturelles de mamans au foyer comme June Cleaver (dans l'émission *Leave it to Beaver*) et Jane Jetson (*Les Jetson*). C'étaient des mamans placées sur un piédestal, glorifiées, idolâtrées pour leur perfection et nous avons cru être censées leur ressembler. Si votre mère travaillait, peut-être lui en avez-vous voulu et avez-vous souhaité qu'elle reste à la maison comme toutes les autres mamans. C'est la société américaine qui nous conditionne ainsi. Dans d'autres cultures, les pères et la famille élargie jouent un rôle bien plus important dans l'éducation des enfants. Dans ces autres cultures, les mères qui travaillent se culpabilisent moins parce que les attentes dont elles font l'objet sont plus réalistes.

Sofia, mère de 33 ans travaillant à Buenos Aires, partage 50-50 la garde d'un enfant avec son mari. Elle aussi a une bonne d'enfants en plus de pouvoir compter sur l'aide de sa mère et de sa belle-mère. Maria, 42 ans, également de Buenos Aires, n'a pas de bonne, mais partage aussi les responsabilités parentales « 50-50 ou 60-40 » avec son mari (qui en assume la plus grande part). À l'autre bout du monde, à Shanghai, Kathy, âgée de 40 ans, est une mère au travail dont le mari voyage. Kathy, qui a une bonne d'enfants, dit qu'il arrive que des parents viennent passer quelques mois pour lui donner un coup de main.

Nous voulons mettre l'accent sur l'importance de passer du temps de qualité avec ses enfants. Certaines personnes ont tendance à déformer cette idée et à insinuer que cela signifie que chaque minute passée avec eux doit être employée à des jeux éducatifs ou à des cartes éclair. Inversement, d'autres déforment cette notion, laissant entendre qu'une demi-heure de temps de qualité avec son enfant équivaut à toute une journée. Comme dans tout ce qui a trait à l'éducation des enfants, la réponse est individuelle et repose sur un bon équilibre et le bon sens.

Véritablement heureuse

Pendant dix ans, Heather est restée à la maison avec ses trois enfants. Bien que sa mère ait aussi été mère au foyer, Heather et ses deux sœurs avaient toujours eu le sentiment qu'on s'attendait à ce qu'elles se réalisent et contribuent à la collectivité.

« Je pensais devoir être à la fois mon père et ma mère », dit-elle. Heather aimait énormément être la principale pourvoyeuse de soins de ses enfants, mais elle sentait qu'une grande partie de son être était incomplète du fait qu'elle restait à la maison. Diplômée en droit et issue d'une famille extrêmement prospère et philanthrope, Heather était convaincue que son dessein ne pouvait pas être limité à élever ses enfants. La frustration accumulée au fil des années finit par déborder sur son mariage. « J'essayais de cacher ma frustration à mes enfants, mais je me rends compte qu'elle me rendait irascible envers eux », dit-elle.

Lorsque le cadet de la famille entra en maternelle, Heather se porta bénévole au bureau du sénateur de son État. Très rapidement, on lui demanda de se proposer comme candidate. Sa campagne devint un grand projet familial. Les enfants étaient ravis de faire campagne pour leur maman, mais Heather se culpabilisait, car elle était souvent obligée de s'absenter le soir.

Maintenant sénatrice, Heather adore son travail. Elle a l'impression d'accomplir ce pour quoi elle a été créée et sa famille est fière de ses exploits. Heather passe un tiers de son temps au Capitole, loin de sa famille. Le reste du temps, elle est là pour embrasser ses enfants le matin avant qu'ils ne partent pour l'école et réussit le plus souvent à être rentrée à temps pour les accueillir. Heather dit que le fait de manquer des événements scolaires ou sportifs l'attriste, mais, dit-elle : « Je suis tellement plus heureuse maintenant que j'ai l'impression d'être une meilleure maman qu'à l'époque où je restais chez moi à temps plein et que j'étais frustrée. J'admire les mères qui peuvent rester à la maison à temps plein et se réaliser ainsi, mais ça n'a pas été mon cas. »

Il n'y a pas à en douter, les jeunes enfants adoreraient avoir leur maman auprès d'eux 24 heures sur 24, sept jours par semaine. Être sans cesse présente et à la disposition de ses enfants est cependant épuisant pour n'importe quelle femme, en plus de ne pas toujours être idéal pour l'enfant non plus. Qu'elles travaillent ou non, les mères ont besoin d'avoir du temps pour elles-mêmes et pour refaire le plein d'énergie afin d'être les meilleures mamans possible. Il n'est pas facile d'être un modèle de bonheur si l'on est trop épuisée pour être heureuse soi-même.

Définition d'une « bonne mère »

Comment définit-on une « bonne » mère ? C'est la question que nous avons posée à des centaines de femmes. Voici quelques-unes de leurs réponses :

- C'est quelqu'un qui prépare ses enfants à faire mieux qu'elle dans la vie – sur le plan des réalisations et de la charité envers autrui. Une bonne mère apprend à ses enfants à être autonomes, bons et les meilleures personnes possible, et aussi comment être heureux. Une bonne mère sait qu'elle n'est pas responsable du bonheur de ses enfants. – Nancy, mère de deux enfants à Chicago, dans l'Illinois.

- Une bonne mère, c'est quelqu'un qui accomplit ce qu'elle souhaite accomplir. Elle veille sur ses enfants, est présente, aimante, et prête à faire des compromis. Il n'est pas nécessaire d'avoir beaucoup d'argent pour être une bonne maman. Ce qu'il faut, c'est de l'amour et de la cohérence, des liens émotionnels et des soins attentifs. Une bonne mère procure à ses enfants soutien et amour. – Debra, mère de deux enfants, Tucson, en Arizona.

- Une bonne maman, c'est quelqu'un qui sait tirer le meilleur de ses enfants et qui les aide à devenir la meilleure version d'eux-mêmes. Elle leur inculque de bonnes valeurs et les façonne en de bons êtres humains. Peu importe qu'elle travaille ou qu'elle reste à la maison. – Robin, mère de trois enfants, Chicago, dans l'Illinois.

- Une bonne mère protège ses enfants, mais sans les surprotéger. Elle est affectueuse. Elle veille sur leur développement. Elle leur permet de grandir. Elle prêche par l'exemple. Elle leur apporte amour, sécurité et tranquillité. – Sofia, mère de deux enfants, Buenos Aires, en Argentine.

- Une bonne mère est une personne qui comprend les besoins de chacun de ses enfants. Elle est pour eux un refuge, mais ne les empêche pas de faire l'expérience de la vie en les surprotégeant. Elle fait en sorte qu'ils se sentent aimés et protégés. Elle leur sert de modèle, leur montrant que la vie est pleine de possibilités. – Yaarit, mère de deux enfants, Atlanta, en Géorgie.

Les «vraies» mères sont celles qui restent fidèles à leurs propres valeurs et qui font les choses puissantes et simples nécessaires pour élever des enfants qui ont confiance en eux, sont autonomes et joyeux, selon Michele Borba, docteure en éducation, dans son livre *12 Simple Secrets Real Moms Know: Getting Back to Basics and Raising Happy Kids* (Jossey-Bass, 2006). Celle-ci décrit aussi les bonnes mamans comme celles qui savent donner et recevoir de l'amour inconditionnellement. Celles-là mêmes qui trouvent leur propre bonheur afin d'apporter de la joie dans leur foyer.

Dans son livre, Michele Borba nous fait part d'autres observations concernant la définition d'une «vraie» mère:

- «Les véritables mères sont plus heureuses et leur foyer est plus joyeux du fait qu'elles n'ont pas d'apparences à entretenir.»

- «Les vraies mamans se sentent moins coupables et moins angoissées parce qu'elles n'essaient pas de combler les attentes en matière de perfection des autres.»

- «Les vraies mamans sont mieux appréciées du fait que leurs enfants ont la chance de connaître leurs intérêts et leurs passions.»

Le fait de travailler est une part essentielle du bonheur de bien des femmes. La stimulation intellectuelle que procure le travail donne à certaines d'entre nous un sentiment de vitalité et de réalisation. Pour d'autres, ce qui compte, c'est le sentiment d'être utiles, d'aider quelqu'un ou de participer à quelque chose en dehors de la famille. Même si ce n'est pas par besoin financier, les mères sont nombreuses à travailler pour l'autonomie financière que le travail leur procure, laquelle devient essentielle à leur bonheur. Quant aux rares femmes qui ont la chance d'avoir trouvé leur dessein et qui ont le sentiment que leur emploi les aide à le réaliser, leur bonheur et leur travail sont intimement entrelacés.

Parce que nous les mères sommes le centre de la cellule familiale et que notre humeur donne le ton à nos enfants et conjoints, nous devons à nous-mêmes et à nos familles de trouver notre bonheur.

Moins, est-ce vraiment mieux ?

Vous êtes-vous déjà demandé quelle image vous aimeriez que vos enfants gardent de vous quand ils seront grands ? Celle du parent à l'aise qui prenait toujours le temps d'écouter et de donner des conseils sur demande, ou celle d'une mère affolée qui faisait la navette entre les séances d'entraînement, les leçons et les concours ?

L'histoire d'une mère – Un repas maison

Une gestionnaire supérieure en ressources humaines d'une grande compagnie de soins de santé nous a raconté comment, ayant fait une pause pendant les années de formation de ces enfants, elle voulait que ceux-ci se souviennent d'elle.

S'étant payé le luxe d'un bref temps d'arrêt entre deux emplois, Kathy se réjouissait à l'idée de préparer tous les jours un repas pour son mari et ses deux enfants à partir de zéro, dans l'espoir que ces derniers aient de bons souvenirs de leur maman au foyer.

Un jour que Kathy était rentrée un peu tard d'un rendez-vous, elle se demanda comment ne pas perdre ses bons points de maman en privant sa famille de l'expérience d'un repas maison, malgré le manque de temps. Ayant aperçu un restaurant Boston Market, elle s'arrêta pour y acheter le dîner.

Arrivée à la maison bien avant ses enfants, elle transvasa la purée de pommes de terre, la sauce, les légumes, les petits pains au lait et le poulet rôti dans ses propres plats. Lorsque la table fut dressée, il semblait évident qu'elle avait passé la journée dans la cuisine à préparer des plats avec amour. Kathy servit les mets avec joie, sans préciser que ce n'était pas elle qui les avait préparés.

Attaquant leur purée et leur sauce d'un coup de fourchette, son fils et sa fille lui dirent en souriant : « C'est tellement bon, maman, tu devrais faire ça tout le temps. » Kathy était ravie que ses enfants ne se soient pas rendu compte qu'elle avait acheté le repas avec autant d'amour qu'elle l'avait servi. Ce qu'elle ne pouvait pas faire cependant, c'était de dévoiler son secret et de risquer de les décevoir. Pendant des années, elle continua de leur cacher qu'elle leur avait servi des mets à emporter de chez Boston Market ce soir-là et d'autres par la suite, car selon elle, cela n'avait aucune importance. Ce qui importait, c'est que la famille soit réunie pour le dîner, et non pas qui l'avait préparé.

Kathy reprit le travail avec le souvenir que ses enfants aimaient l'idée de partager un repas en famille plus que celle d'un repas maison.

Bien que ses enfants soient maintenant d'âge à fréquenter l'université, Kathy rit encore quand elle repense à la pression qu'elle s'infligeait pour être la maman au foyer parfaite. Maintenant, ses enfants reviennent la fin de semaine et les jours de congé avec leurs taies d'oreillers remplies de linge sale et l'espoir d'un repas maison en famille. Sur le point de devenir des adultes accomplis, ils apprécient vraiment le temps passé avec leurs parents. Et ce qu'ils aiment particulièrement, ce sont les repas maison qui, d'avouer Kathy, sont souvent une combinaison de préparation maison et de mets à emporter. Le bonheur vient d'un repas ensemble, peu importe qui l'a préparé !

Selon les statistiques, le style de vie américain qui consiste à combler l'emploi du temps de nos enfants d'activités et de cours de toutes sortes ne les rend ni heureux ni reconnaissants, mais stressés et tristes. L'écart de communication se creuse simultanément. Penchons-nous sur quelques statistiques recueillies par des organismes privés et publics :

- Le taux de suicide parmi les adolescents a grimpé de 39 pour cent entre 1970 et 2004, selon Child Trends, centre de recherche non partisan à but non lucratif qui étudie les enfants à tous les stades de leur développement[3].

- En 2003, 29 pour cent de tous les élèves de la 9e à la 12e année ont affirmé avoir éprouvé des sentiments de tristesse ou de désespoir presque tous les jours pendant une période prolongée – soit deux semaines ou plus de suite[4].

- Quatre-vingt-deux pour cent des adolescents de 12 à 15 ans et 67 pour cent des enfants de 8 à 11 ans disent cacher des choses à leurs parents, au moins une partie du temps, par crainte que ces derniers « ne comprennent pas », selon le sondage national Nickelodeon/Talking with Kids effectué auprès de parents et d'enfants[5].

- D'après nos groupes de discussion, un nombre énorme de parents aimeraient passer plus de temps avec leurs enfants et inversement.

Nous faisons tout cela parce que nous aimons nos enfants et voulons les aider à réussir. Ce que nous disent nos enfants et les statistiques, c'est que la meilleure chose que nous puissions faire pour eux, c'est de trouver notre propre bonheur et notre paix intérieure, et de partager avec eux ces sentiments de tranquillité et de joie.

Aider nos enfants à s'épanouir

Être parent, c'est assez similaire à gérer le personnel au travail. Être bon parent et être bon gestionnaire vont de pair. Nous ne voulons pas dire par là qu'élever ses enfants soit un commerce, mais qu'il est important de fixer des objectifs élevés pour sa famille – son équipe – de l'aider et de permettre à ses enfants de grandir, de se développer et d'apprendre à devenir des êtres humains autonomes.

Les mères, comme nous l'avons dit, sont les PDG de leurs familles auxquelles elles donnent le ton émotionnel. Nous savons aussi, d'après l'ouvrage de Barbara L. Fredrickson, Ph.D. (professeure émérite de psychologie reconnue par l'institut Kenan et chercheuse principale du laboratoire d'émotions positives et de psychophysiologie de l'université de Caroline du Nord), que l'être humain s'épanouit lorsqu'il est entouré de «positivité». L'épanouissement, c'est l'état dans lequel les gens ont le meilleur rendement et sont les plus créatifs et les plus productifs. À titre de chefs de file au travail, nous nous efforçons d'aider notre équipe à s'épanouir. Selon les recherches de Mme Fredrickson, lorsque nous éprouvons trois émotions positives pour une négative, nous devenons plus capables de créativité et une meilleure version de nous-mêmes. En dessous de ce rapport quantitatif de 3 pour 1 cependant, rien ne se passe.

Voilà la recette de l'épanouissement humain ; elle fonctionne pour tout le monde, peu importe l'âge. (C'est la raison pour laquelle les employeurs intelligents créent un milieu de travail très positif et très axé sur le soutien afin de stimuler la créativité de son personnel.) Les parents ont tout intérêt à faire de même pour leurs enfants et à créer un environnement familial où ceux-ci peuvent s'épanouir. Cela signifie relever tout ce qu'ils font de bien et prendre note des choses que vous aimeriez qu'ils fassent autrement. Et, bien sûr, tout en leur disant souvent que vous les aimez, et cela, sans raison précise.

Les parents servent de modèles du type de personne qu'ils aimeraient voir leurs enfants devenir. Si vous souhaitez que ces derniers deviennent des adultes heureux, il importe de leur montrer comment se comporte un adulte heureux. De la même façon que le PDG doit démontrer les valeurs fondamentales de sa compagnie, vous devez montrer les vôtres si vous voulez que vos enfants vivent conformément à vos valeurs. Si vous désirez qu'ils trouvent de la joie dans les choses simples de la vie, vous devez commencer par donner l'exemple et partager votre joie avec eux tous les jours. Les choix que vous faites entre la joie et la culpabilisation, la tranquillité et la frénésie, l'amour de soi et l'autocritique, sont des choix que vous faites aussi pour vos enfants. Plutôt que de dire à votre fille « Ne répète pas mes erreurs », montrez-lui que vous êtes capable d'en tirer parti et de retrouver le chemin du bonheur.

Vos enfants observent vos actions. Si votre travail vous donne un sentiment de bonheur et de réalisation, vos enfants le verront et le comprendront.

— Barrett Avigdor

Modèles de rôles

Si vous souhaitez enseigner à vos enfants comment prendre soin d'eux, être autonomes et suivre leur passion, vous devez faire de même. Si cela signifie travailler à l'extérieur du foyer pour satisfaire une part importante de votre propre vie, alors le travail fait partie de votre maternage ; il n'y porte pas atteinte, mais l'enrichit.

Genevieve Bos, cofondatrice de PINK et maman « virtuelle » pour bien des femmes qu'elle aide sur le plan personnel et professionnel, se souvient de l'histoire de la présidente d'Islande et de l'importance de notre image de femme.

Une longue file de garçons l'attendait à la sortie de ses réunions pour lui poser une seule et même question : un garçon pouvait-il devenir président ? Elle ne s'était jamais rendu compte que le pouvoir du miroir pouvait causer un tel dilemme Les garçons de moins de 18 ans n'avaient effectivement jamais vu qu'une femme à la tête de leur pays.

Si vous restez chez vous à plein temps pour vous occuper de vos enfants en ayant l'impression de vivre un martyre, vous leur apprenez que vos besoins et vos désirs sont moins importants que les leurs, et c'est là le modèle que vous leur donnez pour l'avenir. Par ailleurs, cela risque fort de les culpabiliser s'ils ne sont pas à la hauteur de vos attentes. Après tout, si vous sacrifiez votre propre bonheur pour eux, ils peuvent avoir l'impression de devoir régler l'énorme dette qu'ils ont envers vous plutôt que de poursuivre leur propre chemin du bonheur.

Par contre, si vous faites ce que vous souhaitez vraiment – que ce soit rester à la maison ou travailler – vous leur apprenez à poursuivre leur passion et à contribuer à la vie de la façon qui correspond à leurs propres besoins. Cela les délivre de l'obligation de suivre votre exemple. Et c'est en poursuivant leur passion qu'ils sont le plus susceptibles de trouver leur propre bonheur.

Véritablement heureuse

Kim Martin, mère de deux filles, aime énormément son travail et tire plaisir de la stimulation intellectuelle et sociale qu'il lui procure. Cette PDG de WE tv affirme ne pas pouvoir s'imaginer en train de prendre sa retraite un jour. Ses filles, nées pendant que Kim travaillait pour Discovery Channel, ne le souhaitent pas non plus. En fait, la cadette convoite l'emploi actuel de sa maman et ne cesse de lui recommander de le lui garder, pour quand elle sera grande !

Les deux filles de Kim ont très hâte d'aller à l'université et d'intégrer le marché du travail.

Repères en matière de bonheur

Nous inculquons à nos enfants certaines valeurs et leur montrons comment s'y conformer en les appliquant systématiquement à notre vie. En les incarnant, nous donnons à nos enfants des repères moraux qui les guident sur leur propre chemin de vie et qui en font le genre d'adultes que nous voulons qu'ils soient.

Nous devrions aussi enseigner à nos enfants comment maintenir leur propre niveau de bonheur. Pour devenir des adultes bien équilibrés, ils doivent être conscients de leur responsabilité en la matière. En les aidant à comprendre que le bonheur est un choix qu'ils peuvent faire au quotidien, nous facilitons leur propre prise de conscience vis-à-vis de celui-ci et les aidons peut-être même à mieux maîtriser leurs perspectives de bonheur à long terme. Le fait de procurer à nos enfants ce genre de repères et de leur apprendre ce qu'est le bonheur, ce qu'il signifie pour eux et comment ils peuvent y contribuer en tant qu'adultes pourrait bien les aider à s'engager sur la voie de la réussite.

Pause d'autoaccompagnement : de vraies valeurs familiales

Dans son livre *12 Secrets Real Moms Know: Getting Back to Basics and Raising Happy Kids* (Jossey-Bass, 2006), la docteure en éducation Michele Borba recommande de prendre le temps de discuter avec les autres membres des valeurs qu'incarne la famille – autrement dit des valeurs auxquelles celle-ci accorde de l'importance.

Mme Borba propose ensuite de se mettre d'accord sur un projet ou une série d'actions visant à appuyer ces valeurs. Par exemple, si aider les personnes moins fortunées fait partie des valeurs de votre famille, choisissez une œuvre de bienfaisance appropriée et créez une stratégie de participation familiale – qui pourrait consister à recueillir des fonds ou à vous porter bénévole.

Selon les statistiques, les parents seraient nombreux à parler de leurs valeurs sans toutefois vivre en accord avec elles. Dans un sondage de 2004 portant sur plus de 24 700 étudiants du secondaire, 66 pour cent d'entre eux avouaient tricher aux examens tandis que 93 pour cent reconnaissaient l'importance d'être une personne de bonne mœurs[6]. Il semble que ces enfants n'aient pas bien saisi le lien entre les bonnes mœurs et le fait de tricher aux examens.

Au travail comme à la maison, enseigner des valeurs signifie également devoir établir des règles claires et justes, et les appliquer systématiquement. Nous vivons dans une société où la gratification instantanée est la norme plutôt que l'exception. On a parfois l'impression d'être les seuls du quartier à avoir des règles. Or qui donc aime être accusé d'être le plus méchant parent du monde ou se faire dire qu'il n'est pas branché ? Cela ne vous empêche pas, au fond de votre cœur – comme probablement votre enfant d'ailleurs –, de savoir discerner le bien du mal et vous devriez établir pour vos enfants des règles qui correspondent à vos propres repères moraux. Cela ne leur fait pas de tort, mais cultive chez eux une structure morale. Cette structure morale qui sert de boussole est un élément important d'une vie heureuse.

Enseignez à votre enfant à s'aimer

Apprendre à s'aimer et à s'accepter soi-même pour qui l'on est fait partie du processus de découverte de son propre bonheur. En comprenant la personne qu'est votre enfant et en l'aidant à tirer profit de ses forces, vous l'aiderez aussi à s'aimer et à s'accepter. On s'attend à tant de perfection de la part des enfants ! Tout en les encourageant à faire de leur mieux, il convient de leur rappeler sans cesse que nous les aimons pour qui ils sont – et non pas pour leurs exploits. Or cela est bien plus facile à faire si on le fait déjà pour soi. Vous valez bien plus que la somme de vos exploits ou le montant indiqué sur votre chèque de paie. En apprenant à vous aimer pour la personne que vous êtes, avec vos défauts et vos limitations, vous apprenez à vos enfants à faire de même.

En les aidant à aimer la personne qu'ils sont en soulignant leurs forces et leurs talents peu importe leurs défauts, vous encouragez leur épanouissement. Ils en tirent un sens bien développé de satisfaction face à la vie, ce qui en définitive contribue à un bonheur accru.

Dans son livre intitulé *Your Child's Strengths* (Viking Penguin, 2008), Jenifer Fox, éducatrice et directrice d'une école du New Jersey expose un argument convaincant sur les méfaits de la normalisation dans les écoles et sur l'accent mis sur les notes d'examens qui nuisent à l'apprentissage idéal de nos enfants et à la découverte de leurs passions. À titre de parents, nous pouvons participer à l'éducation de nos enfants en les aidant à trouver ce qu'ils aiment faire.

Les mères – au travail ou au foyer – qui voient véritablement leurs enfants pour qui ils sont, qui leur inculquent l'amour de l'apprentissage et qui les encouragent à être fiers de leur unicité sont celles qui les aident à être à l'aise et à avoir confiance en eux.

Je suis très doué pour tout ce qui m'importe, comme les sports et l'école. Je ne suis pas doué pour le reste, en musique par exemple. Mais ça ne fait rien, parce que personne n'est doué en tout.

— Harrison, 13 ans

Encouragez l'autonomie et l'indépendance

Nous souhaitons toutes que nos enfants deviennent des adultes autonomes et indépendants. Pourtant, le nombre de jeunes de 26 ans qui habitent encore chez leurs parents a doublé depuis 1970. Peut-être, en tant que mères, en faisons-nous trop pour nos enfants. Malgré nos meilleures intentions, nous nous focalisons tellement sur les résultats au détriment du processus que nous leur enseignons à compter sur nous plutôt que sur eux-mêmes. Faire leurs devoirs ou les préparer à un examen peut encourager chez eux une dépendance malsaine et leur donner l'impression qu'ils ne peuvent pas réussir sans nous.

Les enfants des mères qui travaillent sont souvent plus autosuffisants. Ils vous le diront eux-mêmes: «Si ta mère travaille et que tu es à la maison, tu dois faire tes devoirs tout seul. Ça t'apprend à être plus motivé et plus autonome», dit Daniel, 13 ans, dont la mère travaille à temps partiel. Matt, aussi âgé de 13 ans et dont la mère est propriétaire de sa propre entreprise CPA, acquiesce: «Le fait que ma mère travaille m'aide dans mes études parce que certains élèves dont la mère reste à la maison se font aider par elle ou par des professeurs particuliers. Du fait que ma mère travaille, je dois me débrouiller tout seul et j'apprends davantage.»

L'acceptation

En tant que mères, nous adorons nos enfants tels qu'ils sont, pas tels que nous pensons qu'ils devraient être. Ce n'est pas là un mantra réservé aux mamans qui travaillent; il concerne tous les parents. Nous avons besoin de ce mantra parce que nous vivons dans un monde compétitif dans lequel bon nombre d'adultes, peut-être parce qu'ils sont malheureux ou un peu déçus par leur propre vie, ont tendance à se faire concurrence. Ces personnes vivent indirectement à travers leurs enfants. Cela est courant et quiconque a déjà assisté à un événement sportif de son enfant sait de quoi il est question.

Même si votre enfant n'est ni le plus doué ni le plus beau, vous partagez avec lui quelque chose d'unique, un rapport que vous n'avez avec personne d'autre sur cette planète. Le lien maternel qui vous unit à chacun est une denrée rare qui est propre à nos parents et à nos enfants.

L'amour inconditionnel

Être parent est assez similaire à être gestionnaire du personnel au travail, mais avec une nuance importante – l'amour inconditionnel.

Les mères de nourrissons s'aperçoivent vite que leur bébé les reconnaît à leur odeur, au son de leur voix et à la façon dont elles les prennent dans leurs bras. Le fait de savoir que vous pouvez apaiser votre bébé mieux que quiconque, simplement parce que vous êtes qui vous êtes, est une révélation sensationnelle. Peu importe combien nous nous sentons imparfaites en tant que mères, ce lien est toujours présent.

En entourant nos enfants d'un amour inconditionnel, nous leur apprenons à s'aimer eux-mêmes, compétence nécessaire à leur bonheur. Nous leur permettons également ainsi de nous aimer inconditionnellement. L'amour inconditionnel est une denrée rare. Nous le recevons de nos parents et de nos enfants.

Être un exemple de joie

Nous enseignons à notre progéniture à être joyeuse en l'étant nous-mêmes. Nous savons qu'à titre de mères, nous sommes des modèles de rôle pour nos enfants qui, nous en sommes conscientes, nous observent sans cesse. Nous voulons qu'ils soient heureux. Par conséquent pourquoi ne pas reconnaître l'importance pour nous de trouver de la joie afin de pouvoir la partager avec eux ?

Véritablement heureuse – L'histoire de deux filles

Kelsie et Jaylyn, âgées respectivement de 15 et 11 ans, décrivent les meilleurs côtés de leur maman, Tammie, et son travail de technicienne de dialyse :

- « Maman sourit beaucoup en plus de faire rire son entourage. » — Kelsie
- « Maman aide les gens en faisant en sorte qu'ils ne meurent pas. Elle aide aussi leurs familles à comprendre ce qu'elles peuvent faire pour aider. Maman adore son travail. » — Jaylyn

Pour trouver la joie, il n'est pas nécessaire de prendre des vacances prolongées ou de se rendre dans un centre de villégiature coûteux. Vous pouvez connaître la joie auprès de vos enfants dans les choses les plus simples : en vous arrêtant quelque part après l'école pour prendre ensemble une petite gâterie ou en jouant avec eux à des jeux de société un samedi soir. Si vous manquez d'idées d'activités amusantes, demandez-en à vos enfants. Les deux tiers des 84 000 élèves de la sixième à la douzième année ayant fait l'objet d'un sondage de *USA Today* en 2000 affirmaient souhaiter passer davantage de temps en compagnie de leurs parents. Ce qu'ils désiraient, c'était passer des moments de détente avec eux, en dehors de toute discussion tendue concernant leurs notes ou la logistique entourant le football, le piano et les cours de ballet.

Imaginez le temps que vous passez avec vos enfants comme des perles. Chaque instant heureux passé ensemble est une perle à enfiler sur votre collier. Tous ces moments ne seront pas parfaits, mais ne vous laissez pas décourager par les discussions et les emplois du temps surchargés – tâchez d'accumuler au moins une perle par jour.

Marshall Goldsmith a tenté il y a quelques années une expérience visant à l'aider à consacrer plus de temps à ses enfants. M. Goldsmith est un accompagnateur de gestionnaires de renom international, auteur, entre autres, de *What Got You Here Won't Get You There: How Successful People Become Even More Successful* (Hyperion). M. Goldsmith a effectivement bloqué dans son agenda du temps pour un tête-à-tête avec chacun de ses enfants, et cela, chaque semaine. Au bout de trois ans, il a vérifié auprès d'eux le résultat de ce « niveau de service ». Tous les deux – un garçon et une fille –, maintenant au secondaire, lui ont répondu : « Tu sais, papa, tu as été formidable. Nous t'adorons, mais maintenant nous voulons passer plus de temps avec nos amis ! »

Parce que ma mère travaille, je l'apprécie plus que si elle restait toujours à la maison. Quand elle rentre d'un voyage d'affaires, je suis toujours tellement content et je l'apprécie d'autant plus.

— Harrison, 13 ans

Du point de vue des enfants

On parle souvent du «tort» causé aux enfants dont la mère travaille et de la façon dont, souvent, la société nous réprimande parce que nous courons après nos valeurs et nos rêves. Nous avons donc eu l'idée de donner à ces enfants la chance de s'exprimer, de nous faire part des avantages et des inconvénients, à leur avis, d'avoir une maman qui travaille, de dire si cela leur plaît ou non, et s'ils se sentent dépréciés par rapport à leurs camarades dont les mamans restent au foyer ou différents d'eux.

La plupart d'entre eux parlent des bons aspects et du bonheur qui caractérisent leur vie et leur famille parce que leur mère travaille. Ils aiment le fait que leur maman trouve dans le travail du bonheur et un sentiment de réalisation. Ils parlent aussi de l'amour qui les unit et de la relation toute particulière qu'ils ont avec leur mère, ainsi que de sa façon unique de veiller sur eux.

Véritablement heureuse – L'histoire d'un fils

Maintenant âgé de 17 ans, Alex a grandi avec une maman qui travaille à temps plein. Voici ses réflexions concernant les avantages et les inconvénients d'avoir une mère qui travaille, et les raisons pour lesquelles, selon lui, il n'en est que meilleur.

«Quand j'avais 5 ans, j'aurais préféré que ma mère ne travaille pas. J'aimais sa compagnie et nous nous amusions toujours bien ensemble. À cette époque-là, comme en plus je n'aimais pas beaucoup mes professeurs, j'aurais préféré pouvoir rester à la maison avec elle. Maman partait le matin avant que je ne me réveille et revenait le soir une heure avant que je ne me couche. Nous avions une bonne d'enfants vraiment sympathique qui me distrayait, mais maman me manquait.

« Maintenant que je suis plus vieux, je vois les choses autrement. Maman travaille pour faire de l'argent, pour assurer à la famille une meilleure vie et pour rester en contact avec la réalité. Le travail, c'est la santé. Je pense que les inconvénients d'avoir une mère qui ne travaille pas l'emportent sur les avantages. Les mères au foyer ont du mal à laisser leurs enfants grandir. Le fait d'avoir une mère qui travaille rend plus autonome. On est obligé d'apprendre à s'arranger avec les autres parce maman n'est pas toujours là. Le plus grand inconvénient d'avoir une mère qui travaille, c'est qu'on ne peut pas la voir tout le temps. Elle n'est pas toujours là quand on a envie de parler. Il arrive que maman rentre stressée du travail, et alors nous ne nous amusons pas vraiment ensemble.

« Si ma mère n'avait pas travaillé, je serais probablement moins autonome et j'aurais plus de difficulté à régler mes problèmes. L'idée de partir pour l'université ne m'inquiète pas trop parce que comme maman voyage beaucoup, j'ai l'habitude de me débrouiller sans elle.

« J'ai visité plein d'endroits sympas grâce aux primes qu'elle a accumulées lors de ses voyages d'affaires. Tous ces voyages ont sûrement contribué à la personne que je suis.

« Quand je me marierai et que j'aurai des enfants, je souhaite que ma femme travaille. Elle mérite de travailler et l'argent supplémentaire, ça ne fait jamais de mal. Mon conseil à une femme qui se demande si elle devrait travailler ou rester à la maison : travailler. C'est une bonne chose que d'avoir un emploi quand on est adulte. »

Les enfants, surtout lorsqu'ils sont jeunes, aiment rester auprès de leur maman et s'ennuient d'elle quand elle a un emploi. Cependant, les enfants plus âgés à qui nous avons parlé ont compris les avantages d'avoir une maman qui travaille : son bonheur, les avantages financiers ainsi que la force de caractère et l'autonomie qu'ils en tirent eux-mêmes. Ils savent bien que leur maman les aime et sont fiers de sa réussite sur le plan professionnel. Peu importe leur âge, les enfants apprécient également les avantages pécuniaires et la sécurité auxquels contribue une mère qui travaille.

Pour utiliser leurs propres mots :

- « Ce n'est pas juste une question d'argent. Parce que maman travaille, nous avons l'occasion de faire des tas de choses ensemble. Le seul inconvénient, c'est que quand j'étais petite, je n'arrivais pas à atteindre la boîte de biscuits secs, et maman était trop occupée pour essayer de les atteindre pour moi. » — Emma, 11 ans

- « Ce n'est *pas vrai* que les mères qui travaillent n'aiment pas leurs enfants. Je me sens encore plus aimé parce que maman travaille, car elle le fait pour notre bien. » — Matt, 13 ans

- « Maman ne peut pas toujours être là, mais je peux toujours compter sur papa ou mamie. Et maman, c'est notre cheftaine de jeannettes, alors ce n'est pas grave. » — Megan, 10 ans

- « Je n'ai pas aimé le fait d'être pensionnaire pendant la semaine. Par contre, j'ai pu faire des tas de choses formidables comme voyager à travers le monde, du fait que maman travaillait. » — Lis, maintenant âgée de 27 ans, dont la mère l'a élevée seule.

- « Je préférerais qu'elle ne travaille pas parce que nous devons nous quitter quand elle part travailler. Je pense que la plus dure partie de la vie de maman, c'est son travail. Elle a peur de le perdre et ça la rend triste. Si elle perd son travail, on ne pourra peut-être pas aller à Hawaï cet été. J'ai vraiment envie d'aller à Hawaï. » — Robert, 7 ans

- « Je ne passe pas beaucoup de temps avec maman, alors quand ça arrive, ça me fait plaisir et je sens que je la réconforte. Je ne regrette jamais qu'elle travaille. » — Philip, 10 ans

- « Je suis content qu'elle fasse ce qui lui plaît. Tous les jours, elle me dit qu'elle aime ce qu'elle fait. » — Johan, 14 ans

- « La seule différence [entre moi et les enfants dont la mère reste à la maison] c'est que leur mère à eux est plus souvent à la maison et peut faire plus de choses pour ses enfants comme nettoyer la maison, faire la cuisine et les accompagner partout. Maman travaille depuis la maison, alors c'est comme si j'avais une maman au foyer. » — Victoria, 10 ans

- « Je crois que ce que maman trouve le plus dur, c'est qu'elle aime tellement son emploi qu'elle travaillerait sans doute beaucoup plus si elle ne devait pas s'occuper de mon frère et moi. » — Harrison, 13 ans

- « L'aspect le plus dur de la vie de maman, c'est qu'elle n'a pas le temps d'être avec ses enfants. Elle se démène au travail pour payer des tas de factures. » — Philip, 10 ans

- « Mon conseil aux parents : passez du temps avec vos enfants et essayez de réduire vos heures de travail. » — Veronica, 11 ans

- « Devoir fréquenter le service de garde parascolaire avant et après l'école, ce n'est pas idéal, mais mes amies et moi nous amusons bien. Aussi, papa ou maman viennent parfois me chercher plus tôt quand ils le peuvent. Nous nous amusons comme des fous la fin de semaine. Nous nous promenons partout et faisons des tas d'activités. » — Sierra, 12 ans

- « Je sais que ma mère m'aime parce qu'elle me le dit tous les jours, qu'elle vient toujours me voir jouer, et qu'elle me demande où je vais et qui sont mes amis. » — Alex, 17 ans

Makenzie Rath, qui fait sa dernière année à l'université du Nebraska sait que sa mère Kimberly Rath est heureuse en tant que mère, présidente et cofondatrice de Talent Plus, société internationale d'experts-conseils en ressources humaines basée dans le Nebraska.

« Je dirais que la plus grande force de ma mère, c'est sa débrouillardise et sa capacité de toujours trouver une solution. Elle travaille très fort et est dévouée à tout ce qu'elle entreprend dans la vie [...] Oui, elle est heureuse ! Elle est heureuse quand elle fête le succès des autres, quand nous [ses enfants] réussissons bien, quand elle voit que les choses qu'elle a faites ou auxquelles elle a participé fonctionnent », dit Makenzie. « Jamais elle ne perd de vue l'objectif final, savourant tous les développements en cours de route. Elle est aussi heureuse lorsqu'elle peut passer du temps de qualité en compagnie des personnes qu'elle aime et dont elle se soucie. »

Bilan : exercices à expérimenter

Développer des forces : du succès au contentement

Au moins deux fois par an, dans une atmosphère détendue, essayez d'avoir le dialogue qui suit avec chacun de vos enfants, un par un. Accordez à chacun d'eux l'occasion de répondre et montrez de l'intérêt pour toutes les réponses, sans porter de jugement.

Demandez-leur ce qu'ils aiment faire – à l'école, à la maison, en famille et avec leurs amis.

Voyez si vous pouvez dessiner à partir de leurs réponses un profil qui vous aide à canaliser votre attention sur les forces de chacun. Notre travail de parent consiste à être au courant des forces de nos enfants et à les aider à exploiter celles-ci dans le but de transformer à vie leurs succès en contentement.

Du temps de qualité

Essayez de planifier chaque semaine du temps pour vos enfants, pour votre conjoint et pour vous-même. D'après certaines études informelles, lorsque les mamans très occupées accordent à leurs familles et à elles-mêmes la même importance qu'elles accorderaient à un client, elles sont généralement plus efficaces quand il s'agit de ménager du temps pour les personnes qu'elles aiment et pour elles-mêmes. Ce sentiment peut surprendre au début, mais si vous reconnaissez que vous avez simplement pris le temps de traiter votre famille et vous-même avec le même respect que vous accordez aux étrangers, cela vous paraîtra juste. Rapidement, vous découvrirez systématiquement un créneau dans votre emploi du temps chargé pour les personnes qui vous sont vraiment chères.

Essayez de vous libérer entièrement un samedi ou un dimanche et convenez de passer l'après-midi tous ensemble à la maison.

Trouvez une activité qui plaît à toute la famille.

Vous créez ainsi des souvenirs de vous dont vos enfants se souviendront toute leur vie. La vie a beau être une course contre la montre, vous pouvez bien trouver le temps de lire une histoire, de câliner ou de jouer une partie de Scrabble.

Chapitre 7

Quand la situation devient difficile, faites-vous aider

Mes filles sont la première chose qui me vient à l'esprit au réveil et la dernière qui me vient à l'esprit avant de m'endormir [...] Souvent, je me dis comme il serait bon de posséder une machine à cloner.

— Première dame Michelle Obama lors de la campagne électorale du 28 juillet 2008 à Chicago, dans l'Illinois

Les êtres humains que nous sommes sont, de façon innée, résilients et programmés pour survivre. Certes, nous ne sommes plus à l'époque de l'homme des cavernes obligé de parer les attaques de meutes de loups, mais nous n'en sommes pas moins programmés pour surmonter les défis du monde d'aujourd'hui à la maison, au travail ou ailleurs. Chez les mères, l'instinct de survie est particulièrement fort, s'élevant du plus profond de notre être en tant que donneuses de soins et protectrices de nos enfants. C'est ainsi que nous sommes faites, peu importe que nous travaillions ou que nous restions à la maison à temps plein avec nos enfants.

Le bonheur procure des résultats bien réels

Une femme sur cinq souffre d'angoisse ou de dépression, selon une étude en date de 2004 menée par Leger Marketing pour Wyeth Canada. Pourtant, dans le cadre de cette même étude, trois femmes sur quatre affirment qu'il est possible d'être complètement asymptomatique. Parmi les femmes qui sont en rémission de dépression ou d'anxiété :

- 87 pour cent disaient être devenues de 90 à 100 pour cent plus productives.
- 86 pour cent se disaient plus motivées.
- 84 pour cent se disaient plus efficaces au travail.
- 79 pour cent se sentaient moins débordées au travail.
- 75 pour cent fournissaient en règle générale un travail de meilleure qualité.

Source : avec la permission de l'Association canadienne pour la santé mentale[1].

Chacune de nous a ses valeurs et son style de parentage, mais nous sommes toutes programmées pour donner à nos enfants tout ce dont ils ont besoin pour survivre. Cette programmation peut parfois être brièvement neutralisée lorsque, en tant que mères au travail, nous nous laissons submerger par le stress et la pression épuisante dus aussi bien aux enfants qu'à l'école, au travail, aux relations, aux questions d'argent et aux problèmes de toutes sortes. Néanmoins, la carte mère finit toujours par prendre le dessus. Nous acceptons les défis, car nous sommes des combattantes et des gagnantes de nature. Lorsque nous faisons les bons choix, embrassant nos valeurs et tout ce que notre vie a de merveilleux, nous faisons des gagnants de nos enfants aussi.

Conseil en matière de bonheur : ayez les mêmes attentes envers vous-même qu'envers les personnes qui vous sont chères ; soyez aussi indulgente avec vous qu'avec elles.

Une question d'équilibre

Les centaines de mères au travail interviewées, qui jour après jour réussissent à concilier le travail, les enfants et la famille malgré les épreuves et les circonstances difficiles, témoignent de notre force et de notre courage en tant que femmes. L'esprit et les valeurs de bon nombre de ces mères seules, mariées ou en couple triomphent de défis pouvant sembler perdus d'avance. En dépit parfois de peines et de traumatismes atroces, elles ont appris à pardonner et à embrasser le bonheur et la joie.

Essayez donc de résister à l'envie de sourire
lorsque vous pensez au bonheur!
— Cathy Greenberg

Les défis de la vie auxquels nous faisons face font ressortir nos meilleurs côtés, en tant que femmes et que mères, et cela, indépendamment des circonstances ou de la nature de notre travail. Nous ne pouvons pas toujours prévoir où ces défis nous mèneront, mais nous pouvons toutes apprendre à tirer profit de nos difficultés.

Jessica Wright est majore-générale de la Garde nationale des États-Unis et titulaire de la Legion of Merit. Mariée depuis 26 ans, elle est mère d'un garçon qui fréquente actuellement l'université. Quand elle repense à ce qu'elle a accompli dans la vie, cette ex-militaire qui a 35 ans de service se voit comme « mère, épouse et soldat, dans cet ordre-là ».

Tout au long de sa carrière et de sa vie en général, Jessica Wright a eu comme mentors des vétérans de la guerre du Viet Nam, des pilotes militaires plus précisément. Elle a aussi été épaulée par sa famille. Pendant sa grossesse, elle vivait chez son frère, son mari étant en poste à l'étranger. Elle a aussi suivi les paroles pleines de sagesse de sa mère qui lui disait : « Les gens te donneront l'occasion si tu le leur permets ; ce que tu en fais dépend de toi. »

L'importance de se faire aider

Bien des familles ont des enfants ayant des besoins particuliers. Les mères d'enfants confrontés à des défis – physiques ou mentaux – consacrent chaque semaine l'équivalent d'une journée entière de travail en soins particuliers par enfant, ce qui revient à dire que leur charge de travail quotidienne est augmentée de 20 %. Cela ne veut pas dire qu'il faille sacrifier son bonheur pour autant. Ce n'est vraiment qu'une raison de plus de reconnaître que notre force réside dans la sagesse d'admettre l'importance d'un système d'aide. Vous ne pouvez pas y arriver seule. Nous avons été programmées physiologiquement pour nous aider aussi entre femmes. Rappelez-vous l'étude importante de l'université de Californie à Los Angeles sur les réactions hormonales au stress dont nous avons parlé au Chapitre 2. Lorsque nous sommes sous pression, notre tendance naturelle de nous occuper de notre progéniture et de nous entourer d'autres femmes est à l'origine d'une sécrétion d'hormones qui réduisent notre niveau de stress.

Pause d'autoaccompagnement : créez votre réseau de soutien

Il n'est pas toujours facile de demander de l'aide. Pour vous aider à créer votre propre réseau de soutien, posez-vous les questions suivantes :

- De quelles croyances ou pensées contraignantes dois-je me défaire afin de me sentir plus à l'aise de demander de l'aide ?
- Qui, parmi mes relations, utilise efficacement un réseau de soutien et en quoi est-ce que je l'admire ?
- Quel effet cela me ferait-il de pouvoir compter entièrement sur l'appui et les soins d'un solide réseau d'aide ? En quoi ma vie serait-elle différente ?

OÙ SE TOURNER

Si vous êtes nouvelle dans votre collectivité ou devez tout simplement commencer à vous bâtir un réseau, voici quelques endroits où chercher :

- **Centre communautaire de votre quartier :** celui-ci peut offrir des programmes pouvant convenir à vos enfants. Même si vous n'y trouvez pas de service de garde de jour, les activités parascolaires ou les programmes sportifs de fin de semaine peuvent être un excellent moyen de rencontrer d'autres mamans ayant des enfants du même âge que les vôtres. Celles-ci peuvent finir par faire partie de votre réseau.

- **École secondaire ou université :** s'il existe une école ou une université dans votre coin, tâchez de placer sur le babillard électronique ou autre une annonce pour une gardienne ou quelque activité de groupe pouvant intéresser d'autres mères au travail. Aussi bien les mères qui travaillent sur le campus que les étudiantes pourront y répondre.

- **Sports parascolaires et autres activités :** faites en sorte de bavarder avec les parents des autres enfants participants. Si vous vous liez d'amitié avec eux, il est possible que vous puissiez parvenir à une entente de covoiturage pour l'entraînement et autres activités sportives par exemple.

- **Membres de la famille :** s'ils ne travaillent pas, ceux-ci accepteraient peut-être de surveiller vos enfants lorsqu'ils sont obligés de rester à la maison pendant que vous travaillez.

- **Cours pour les petits avec ou sans maman :** si vos enfants sont tout petits, inscrivez-les à ce type de cours ou d'événement afin de rencontrer d'autres mamans.

- **Séances de jeu :** organisez des séances de jeu avec des enfants que les vôtres aiment bien. Lorsque leur(s) parent(s) viennent les déposer, offrez-leur un café dans le but de bavarder avec eux et d'apprendre à les connaître.

L'histoire d'une mère

Jill Smart a réussi sur le plan personnel – car elle est mère de deux enfants âgés de 16 et 11 ans – et sur le plan professionnel, puisqu'elle est chef des ressources humaines d'Accenture. Elle doit une part essentielle de son succès à son système de soutien et à sa volonté de demander de l'aide.

« J'ai un conjoint formidable. Sans mon mari, je ne pourrais pas faire ce que je fais et être une bonne maman. Et pas seulement parce qu'il m'aide. Il me donne la latitude d'être la mère au travail que je veux être. Il respecte mes choix et ne cherche pas à me culpabiliser. Grâce à lui, je suis une meilleure personne.

« Je n'ai pas peur de demander de l'aide – que ce soit au travail ou à la maison. Je connais mes faiblesses et cela me permet d'être une meilleure maman. Je sous-traite tout ce que je peux, sauf en ce qui concerne mes enfants. Notre bonne d'enfants ne les aide pas à faire leurs devoirs par exemple ; ce n'est pas non plus elle qui les emmène chez le médecin ou qui leur fait des gâteaux – ça, c'est mon travail. Par contre, cela fait 20 ans que je n'ai pas passé l'aspirateur. Je n'ai pas peur de dire parfois que je décline une téléconférence parce que je dois me rendre à l'école de mon enfant pour prêter main-forte, car c'est la journée du déjeuner "pizza". En leur disant [aux collègues de travail] que je vais retrouver mes enfants, je leur donne la permission d'en faire autant.

« Il y a quelques années, j'aurais participé à la téléconférence et annulé mon engagement envers l'école. Je pense cependant qu'il est de ma responsabilité de montrer aux gens que nous, cadres supérieurs de la compagnie, sommes humains et devons faire les mêmes choix qu'eux. J'ai une responsabilité envers la vie personnelle d'hommes et de femmes. Mais cela ne s'arrête pas aux enfants. Je ne vois rien de mal à s'absenter pour participer à une course ou présenter son chien à une exposition canine.

« Bien des femmes renoncent avant même d'avoir essayé. Elles n'essaient même pas d'être des mamans au travail parce qu'elles pensent ne pas pouvoir réussir à tout faire. »

Les enfants aux besoins particuliers

Vous souvenez-vous de Danielle, cette copropriétaire du salon de coiffure qui a trois fils et dont la vie parfaite s'est effondrée lorsque Keith, son mari qui réussissait bien à l'époque, a succombé à la drogue ? Malgré le déclin tragique de l'homme qu'elle avait aimé depuis le secondaire, Danielle a choisi de se concentrer sur les côtés joyeux de sa vie – ses enfants, leur amour mutuel, son travail, ses amis et sa famille – plutôt que de s'abandonner au drame. Elle a cru en l'abondance dans sa vie et a triomphé dans la joie.

Mais son histoire ne s'arrête pas là. L'enthousiasme débordant de Danielle pour la vie et sa capacité d'embrasser le bonheur lui ont permis, à elle et à ses enfants, de surmonter d'énormes obstacles. Après avoir enfermé dehors son mari devenu toxicomane afin de protéger ses enfants, Danielle s'est retrouvée seule pendant deux ans, ne disposant que de peu d'argent pour vivre. Néanmoins, le foyer débordait d'amour et elle et ses enfants ont pu compter sur un système solide de forces et d'aide composé de ses parents, de sa belle-mère, des membres de la famille et de ses amis. Danielle dit que sa famille et ses amis, loin de la juger, et au contraire toujours prêts à l'aider, l'ont appuyée et conseillée, la maintenant « saine d'esprit » comme elle le dit elle-même.

Du fait qu'il souffrait de troubles neurologiques dus au syndrome de Gilles de La Tourette, son fils aîné qui vivait des moments difficiles avait besoin de soins particuliers. Malgré les difficultés financières de la famille, Danielle a fait de son mieux pour lui procurer les tuteurs et les thérapeutes dont il avait besoin. Tous les jours après le travail, elle passait des heures avec lui pour l'aider à se concentrer sur ses devoirs et lui apprendre à accepter sa maladie. La détermination de Danielle était inébranlable, comme le soutien qu'elle apportait à ses enfants, malgré toutes les difficultés, et tous s'épanouissaient. Maintenant, lorsqu'on se moque de lui à cause de ses tics faciaux, son fils aîné répond : « Ouais, le tic au tac, ça me connaît ! »

« Si vous n'êtes pas contente de vous, vous ne pouvez pas être heureuse », dit Danielle. Il faut en arriver à un point où vous n'attachez aucune importance à l'opinion des autres. C'est alors que vous prenez confiance en vous. »

UN GRAND DESSEIN

Tina Fiorentino elle aussi a bien saisi ce qu'est la détermination inébranlable d'une mère en ce qui concerne sa progéniture, malgré les difficultés. Tina, c'est la maman de Rocco dont il a été question au chapitre précédent. Elle n'a pas toujours été mère au travail, mais lorsque « Petit Roc » est né, sa vie a changé. La survie de son enfant étant en jeu, Tina en est venue à reconnaître qu'elle ne pourrait pas se réaliser entièrement en restant chez elle pour l'élever. Elle et son mari ont alors créé la fondation sans but lucratif Little Rock afin d'éviter à d'autres parents dont les enfants ont une déficience visuelle les affres du désespoir et de la désolation ainsi que les difficultés qu'elle avait dû endurer simplement parce qu'elle voulait élever son enfant qui avait le malheur d'avoir un handicap.

L'histoire d'une mère

Tina Fiorentino avait 35 ans et son mari Rocco père 41, lorsque Tina donna naissance à des jumeaux, deux garçons nés après seulement cinq mois de gestation. (Ils n'essayèrent plus d'avoir d'autres enfants). Un des minuscules bébés mourut, et le médecin diagnostiqua chez le second, Rocco fils, alias Petit Roc, une rétinopathie des prématurés qui peut entraîner la cécité, ce qui fut le cas. Le corps médical entretenait peu d'espoir quant à sa survie.

Cependant, Tina refusa de s'avouer vaincue et prit la décision d'élever son enfant afin qu'il s'épanouisse comme un être humain, merveilleux, heureux et bien équilibré, normal sur tous les plans, exception faite de sa cécité. Elle passa six mois à l'hôpital en attendant que Petit Roc soit assez bien et fort pour rentrer à la maison avec elle.

La seule difficulté qui vint contrecarrer les rêves de Tina pour son fils, c'est qu'il existait très peu d'information sur les aspects émotionnels liés à la cécité et à l'éducation d'un enfant ayant quelque déficience visuelle, ce qui devint de plus en plus manifeste au fil de ses nombreux mois de recherche. Les seuls renseignements disponibles étaient de nature médicale. Elle ne se démonta pas pour autant et redoubla d'efforts.

Tina recueillit de l'information auprès d'autres parents et médecins, prenant aussi note de sa propre expérience avec Petit Roc, ce qu'elle continue de faire. Ces données constituèrent le fondement du premier centre familial de ressources de l'hôpital pédiatrique de Philadelphie, créé dans le but d'épargner aux parents d'enfants ayant une déficience visuelle les difficultés et l'angoisse auxquelles elle et son mari, Rocco père, durent faire face.

Tina son mari eurent recours à une méthode pragmatique pour élever Petit Roc, s'évertuant à faire en sorte que leur famille vive aussi normalement que possible – la seule différence, de dire Tina, c'est qu'on y parle plus que dans une famille normale.

« Rocco fils est toujours et avant tout une personne, et puis il est aveugle. Jamais nous ne sommes tombés dans le piège de nous demander "Pourquoi nous ?" », dit Tina. Cette expérience a fait de nous ce que nous sommes aujourd'hui. Elle nous donne un objectif en dirigeant toute notre passion dans la vie. »

À l'heure actuelle, Tina vit pour son travail à la fondation Little Rock tout en élevant Petit Roc et en s'occupant de la colonie de vacances du même nom qu'elle a fondée pour les enfants ayant une déficience visuelle.

Entretemps, Petit Roc lui aussi a totalement embrassé la joie de vivre. Il a reçu un enseignement ordinaire grâce à l'aide de ses parents. C'est un musicien accompli qui se fait porte-parole des personnes aveugles ou ayant une déficience visuelle. Il s'est même présenté devant le Congrès et l'assemblée législative du New Jersey.

Petit Roc n'est pas encore sûr de ce qu'il veut faire – il ignore encore si sa vocation, c'est la politique ou la musique. Il a enregistré plusieurs chansons. À la suite de son intervention devant l'assemblée législative pour témoigner contre les diminutions du budget alloué aux programmes visant les personnes aveugles ou ayant une déficience visuelle, le gouverneur du New Jersey Jon Corzine a déclaré le mois d'octobre mois de la sensibilisation à la cécité et à la déficience visuelle !

Des profondeurs de ce qui aurait pu être un piège de tristesse et de dépression, Tina a opté pour la joie et le bonheur, et elle et sa famille se portent très bien.

Écoutez ces « voix »

« Parler de sa propre expérience tragique que l'on a réussi à transformer en succès procure un réel sens de bien-être », affirme Jenifer Westphal, 47 ans, mère de trois enfants, dont un adolescent de 15 ans du nom de Kyle, diagnostiqué autiste en 1998. Jenifer et son mari Jeffrey – tout comme les Fiorentino – étaient frustrés par le manque d'information sur le handicap de leur enfant. Jenifer, comme Tina, alors mère au foyer, a décidé d'agir, créant avec son mari Kyle's Treehouse, organisme à but non lucratif visant à « permettre à toutes les personnes touchées par l'autisme de faire des choix efficaces ». D'abord un centre d'information spécialisé, cet organisme est maintenant fréquenté par des centaines de milliers de personnes annuellement.

« La plupart des mères font et deviennent ce qu'elles doivent pour avoir la meilleure influence possible sur leurs enfants. C'est ce que j'ai toujours souhaité moi-même, dit Jenifer. Ce que je vis avec mon enfant m'a donné l'élan nécessaire pour être la meilleure personne possible dans tout ce que j'entreprends. »

Au sujet de la fondation Treehouse, Jenifer affirme ne pas avoir reçu de sa famille le soutien qu'elle aurait souhaité. Pendant des années, les tensions ont persisté quant à ses rôles de mère et d'experte sur le sujet de l'autisme. Jenifer avoue s'être sentie malheureuse et avoir éprouvé un sentiment d'échec en tant que mère d'un enfant autiste. Néanmoins, son succès avec Kyle, qui a fait son chemin dans des écoles normales et est devenu un adolescent comme tous les autres, mais aussi le succès de la fondation lui ont démontré qu'elle a eu raison d'écouter sa voix intérieure.

« J'ai appris à me faire confiance, dit Jenifer. Ma plus grande tristesse était due à mon manque de confiance en moi. J'ai maintenant trouvé ma voix intérieure – ma propre voix [...] Je peux dire fièrement que j'ai vraiment pris le temps d'être la meilleure personne possible [...] Les mères doivent se dorloter elles-mêmes. »

Véritablement heureuse

Faites la connaissance de Kyle Westhhal, adolescent de 15 ans diagnostiqué autiste lorsqu'il était très jeune. Actuellement, Kyle est un adolescent typique dont l'histoire extraordinaire a débuté alors qu'il était bébé, mais qui s'est bien terminée grâce à la détermination et à l'amour de ses parents, bien décidés à trouver la cause de sa maladie et le traitement susceptible de l'aider à se réaliser pleinement.

Du bébé sociable et heureux qu'il était, Kyle devint rapidement un bambin très replié sur lui-même. Lorsqu'il eut environ trois ans, ses parents, Jeff et Jenifer, se mirent à se faire du souci. Les deux années qui suivirent, passées dans l'attente d'un diagnostic, furent déroutantes et angoissantes. Au terme de consultations auprès de multiples spécialistes et d'une série d'examens de toutes sortes, Kyle fut diagnostiqué autiste en 1998.

Après bien des difficultés, les Westphal trouvèrent un traitement adapté à leur fils. Quatre ans plus tard, grâce à une thérapie faisant partie du programme Son-Rise® de l'Autism Treatment Center of AmericaMC, Kyle émergeait de son état autistique.

L'histoire de Kyle est l'histoire d'un traitement réussi qui se termine bien grâce à l'optimisme, à la force et à la persévérance des parents de celui-ci, et de sa mère en particulier.

L'histoire de Jenifer en est une de triomphe et de succès – un succès qui profite aussi à des milliers d'autres personnes. Aux côtés de son mari, Jenifer a fondé Kyle's Treehouse (centre d'échange d'information à but non lucratif et collectivité visant à aider les familles ayant un enfant autiste à prendre les bonnes décisions).

Faire de son mieux

« Nous avons été créées avec des talents et c'est notre capacité de nous en servir qui nous rend heureuses », affirme Pam, accompagnatrice de gestionnaires accomplie âgée de 57 ans. Pam a grandi dans une famille très traditionnelle de la classe ouvrière qui ne voyait pas l'intérêt d'études secondaires pour les filles. Ayant intégré le marché du travail par besoin de survie, Pam y a trouvé le salut. « Nous sommes nées avec des talents que nous sommes censées mettre au service d'un monde meilleur », dit-elle.

Passionnée par les études, Pam était une excellente élève, ce qui l'a propulsée en avant. Elle a suivi des études universitaires, après y avoir aussi inscrit son mari de l'époque !

En plus d'être accompagnatrice de gestionnaires à temps plein, Pam a été à la fois « maman et papa à temps plein » de sa fille Katie, maintenant âgée de 21 ans. « Katie souffre de troubles d'apprentissage, d'hyperactivité avec déficit de l'attention et de trouble obsessivo-compulsif [...] qui ont été mal diagnostiqués pendant longtemps, raconte Pam. En cinquième année, elle lisait encore comme une enfant de quatre ans. »

Les handicaps de Katie ont requis énormément de patience et de temps. Les parents de Pam l'aidaient, mais elle se culpabilisait. Pam avoue s'être constamment sentie coupable, même si elle consacrait tout son temps libre au mieux-être de sa famille.

« Être parent d'une enfant handicapée et l'élever seule a été très pénible », dit-elle. En tant que mère seule (et même quand elle était mariée), Pam travaillait toute la journée, puis rentrait chez elle pour aider Katie à faire ses devoirs.

Pendant les sept années où elle s'est retrouvée seule, Pam affirme ne pas avoir cessé de penser à sa fille, ne s'accordant pas un instant. Mais ce n'est pas grave, ajoute-t-elle, l'important étant d'avoir fait ce qu'il fallait pour sa fille. Le travail empiétait souvent sur son temps individuel, et même si elle avait une bonne d'enfants logée et nourrie, cela représentait en fait du travail supplémentaire.

Malgré toutes les épreuves et difficultés, en dépit de ses accès de culpabilité et de ses doutes, Pam a toujours embrassé la vie, car elle est « d'une nature heureuse ». Son seul regret, c'est de ne pas avoir placé Katie dans une école privée, ce qui, d'après elle, aurait permis de déceler ses problèmes plus rapidement.

Pam ajoute qu'elle aurait dû avoir assez confiance en elle pour faire progresser sa carrière plus rapidement, ce qui lui aurait permis de contribuer davantage au marché du travail.

Réappropriez-vous votre vie

Nos défis et nos choix de mères au travail font de chacune d'entre nous ce que nous sommes. Choisir, comme Pam, de céder tout notre temps individuel à nos enfants, même si cela semble être la chose à faire sur le moment, n'est pas forcément viable. À long terme, le fait de sacrifier tout notre temps individuel est un choix malsain pour nous en tant qu'êtres humains pleins de vie. Nous y laissons l'équilibre qui fait notre force et celle de notre famille.

Conseil en matière de bonheur: être capable de dire «non» sans se culpabiliser accroît la satisfaction que l'on tire de la vie, et donc le bonheur.

Le pouvoir d'un «non»

Renee Peterson Trudeau, présidente de Career Strategists, accompagnatrice en conciliation travail-famille et auteure du livre intitulé *The Mother's Guide to Self-Renewal: How to Reclaim, Rejuvenate and Rebalance Your Life* (Balanced Living Press, 2008), nous fait part de sept façons créatives de dire non (et de réserver le «oui» pour ce que nous souhaitons vraiment):

1. **Le *non* pur et simple:** «Merci, je passe.» (Dites-le, sans rien ajouter.)

2. **Le *non* bienveillant:** «Je vous remercie d'avoir pensé à moi, mais je suis déjà prise.»

3. **Le *non* désolé:** «Je suis désolée, mais en ce moment ce n'est pas possible.»

4. **Le *non* du type *la décision ne m'appartient pas*:** «J'ai promis à mon accompagnateur (thérapeute, mari, etc.) de ne pas accepter d'autre projet pour le moment. J'essaie de mieux équilibrer ma vie.»

5. **Le *non* pour raisons familiales:** «Je vous remercie beaucoup pour l'invitation, mais ce jour-là mon fils a une partie de football, occasion que je ne manque jamais.»

6. **Le *non* du type, *mais je sais qui pourrait vous aider*:** «Je n'en ai tout simplement pas le temps en ce moment, mais je peux vous recommander quelqu'un qui pourrait vous aider.»

7. **Le *non* du type *je ne suis pas libre* :** « Je vous remercie d'avoir pensé à moi, mais j'ai déjà des rendez-vous ce jour-là. »

8. **Le *non avec limites* :** « Voici ce que je peux faire... » Puis précisez à votre gré les limites de votre engagement.

9. ***Le non* du type *ni non, ni oui* :** « Laissez-moi y penser et je vous reviens. »

La prochaine fois que vous serez sur le point de céder vos 15 minutes de tranquillité à votre enfant, rappelez-vous que vous (par le biais de votre état physique et émotionnel) donnez non seulement le ton, mais un modèle de comportement à votre famille. Puis demandez-vous si votre interaction est vraiment nécessaire. Ferais-je plus de tort à mon enfant en lui disant « oui » ou « non » ? Ce que nous voulons vous faire comprendre dans ces quelques pages, c'est que le fait de dire « oui » systématiquement, sans penser à vous, peut être plus préjudiciable que si vous prenez le temps de respirer et de refaire votre plein d'énergie de mère qui travaille. Ainsi, vous pouvez être la meilleure personne possible sur le plan familial et professionnel, malgré le stress et les pressions extérieures.

Stratégies et idées

Renee Trudeau nous fait part de stratégies et d'idées en vue d'une vie plus équilibrée[2].

- **Soyez consciente de vos priorités et gérez efficacement votre énergie.** Qu'est-ce qui vous importe le plus dans la vie ? Gérez-vous efficacement votre énergie ? Qu'est-ce qui sape votre énergie ? Qu'est-ce qui vous ressource au contraire ? Vous sentez-vous à l'aise de dire « non » et de ne pas en faire trop ? Créez une liste de « oui absolus » et tenez-vous-y ! *« Les choses qui comptent le plus ne doivent jamais dépendre de celles qui comptent le moins. »* — Goethe

- **Faites de votre ressourcement une priorité.** Si vous commencez par vous occuper de vous, vous aurez davantage à offrir à vos clients, à votre famille et à vos amis. Vous serez en mesure de fonctionner au meilleur de vos capacités et de donner à votre entourage l'exemple d'une vie saine et équilibrée. Vous occuper de vous (à tous points de vue : physique, mental, émotionnel et spirituel) devrait faire partie de votre vie de tous les jours.

- **Créez un système de soutien personnel.** De combien et de quel type d'aide avez-vous besoin sur le plan personnel et professionnel pour vous sentir entourée, en bonne santé émotionnelle et libre de stress ? Apprenez à demander de l'aide et à en recevoir. Réévaluez ces besoins tous les trois mois, car ceux-ci changent en fonction de là où vous en êtes dans la vie. *« Pouvoir compter sur un système de soutien alors que l'on traverse une période de transition ou un moment rempli de défis ou de stress peut avoir des répercussions inouïes sur notre façon de vivre ce périple. » — Renee Trudeau.*

- **Soyez plus présente dans tout ce que vous faites.** Le stress et le sentiment d'être débordée sont souvent exacerbés par le fait de ressasser le passé ou de vivre dans le futur. Plus nous vivons au présent en nous concentrant sur ce qui importe le plus dans la situation et le moment présents, plus nous sommes calmes et productives. En règle générale, nous éprouvons un meilleur sens d'équilibre et d'intégration lorsque nous vivons au moment présent. Une façon efficace d'être plus présentes consiste à limiter notre recours à la technologie (téléphone cellulaire, courrier électronique et ainsi de suite).

Mme Trudeau nous propose également quatre types de ressourcement susceptibles de nous dynamiser et de nous aider à être les meilleures personnes possible au travail et à la maison :

1. **Ressourcement physique :** consommez des aliments sains pour nourrir votre corps ; dormez suffisamment ; restez bien hydratée.

2. **Ressourcement émotionnel :** prenez le temps de discuter à cœur ouvert avec des amis proches ou vos mentors ; laissez tomber l'autocritique et les jugements concernant vos actions et vos pensées.

3. **Ressourcement spirituel :** accordez-vous du temps seule pour penser ou écrire et reprendre contact avec votre moi authentique ; allez vous promener dans un parc ou dans la nature ; méditez ou priez.

4. **Ressourcement mental et intellectuel :** lisez un bon livre ou perfectionnez vos connaissances dans un domaine qui vous intéresse ; lancez-vous un défi en vous inscrivant à un cours, à un atelier ou à un groupe quelconque, et apprenez quelque chose de nouveau.

Véritablement heureuse

Carmela, maintenant âgée de 46 ans, en avait 14 quand elle a rencontré Sal qu'elle épousa à l'âge de 19 ans. Leur première fille, Dawn, naquit peu de temps après, suivie, cinq ans plus tard, par une deuxième fille, Mia. Carmela fut longtemps une mère et une épouse dévouée, comme le souhaitait son mari.

Une dizaine d'années plus tard, Carmela décida de réaliser un rêve et de retourner aux études dans le but de devenir assistante médicale. Neuf mois d'études à plein temps plus tard, le jour même de la remise des diplômes, Dawn fut admise dans un centre de soins pour toxicomanes. Il avait suffi de neuf mois pour que celle-ci, laissée seule à elle-même une partie du temps, se ruine la santé. Éplorée, Carmela se mit à se culpabiliser pour avoir égoïstement voulu une carrière en plus de sa vie d'épouse et de mère.

Entre les traitements et la garde de ses filles, Carmela ne réalisa jamais son rêve. Son mari ne fut d'aucun soutien; d'ailleurs, ils finirent par se séparer. Sal obtint la garde de ses filles, laissant Carmela seule pour la première fois depuis l'âge de 14 ans.

Au début, Carmela fut anéantie et dut être hospitalisée pour une surdose accidentelle de médicaments d'ordonnance qu'on lui avait prescrits pour sa dépression. Néanmoins, au lieu de se contenter de surmonter sa déprime ou de simplement survivre, elle décida de s'épanouir malgré ses déboires.

Contre toute probabilité, Carmela reprit sa vie en main et démarra une entreprise de nettoyage de maisons privées et de cabinets de médecins. Dès 2003, elle avait atteint, seule, la stabilité financière. Maintenant, cinq ans plus tard, son carnet d'adresses est rempli de noms de clients qui l'adorent, et ses filles sont heureuses et en bonne santé.

Carmela est maintenant en couple, et quand elle repense à ce qu'elle a vécu, elle est reconnaissance pour les occasions qui lui ont permis de trouver le bonheur. Elle dit que ce n'est pas l'histoire dont elle avait rêvé, jeune fille, mais admet que c'est l'aboutissement qui lui convient le mieux. Elle ajoute par ailleurs qu'« avec un peu d'huile de coude, on peut aller loin ».

Faire face au divorce

Le divorce, peu importe ses circonstances, vous déchire émotionnellement. Or souvent, nous sous-estimons le pouvoir de ces émotions. Pour gérer le traumatisme qu'est le divorce, il est essentiel de prendre soin de soi physiquement et émotionnellement. Il importe aussi de comprendre qu'il est à la fois sain et normal de pleurer son divorce.

Voyons quelques stratégies qui vous permettront d'affronter et de traverser la turbulence de cette situation et de vous créer une meilleure vie postdivorce.

Voici quelques idées :

- Minimisez les coûts de divorce en utilisant judicieusement votre temps et les ressources adéquates. Si vous êtes à bout de nerfs, avoir recours à un thérapeute spécialisé en divorce pour écouter vos récriminations vous sera plus utile que de payer votre avocat pour cela.

- Vous êtes résiliente. Ne ruminez pas votre désespoir. Même si vous souhaitiez la fin de votre mariage, la pleurer est une part inhérente du processus de rétablissement. Vous vous en remettrez. Selon toute probabilité, vous retrouverez votre niveau initial de prédisposition au bonheur.

Pour plus d'informations utiles sur des façons de faire face au divorce, consultez le livre de Deborah Moskovitch *The Smart Divorce: Proven Strategies and Valuable Advice from 100 Top Divorce Lawyers, Financial Advisers, Counselors, and Other Experts* (Chicaco Review Press, 2007).

Des leçons coûteuses

« Lors de mon propre divorce, je me suis rendu compte de l'importance d'être consciente des coûts associés au récit de mes inquiétudes auprès de personnes que j'avais embauchées pour m'aider. Une fois, j'ai reçu une facture de mon avocat pour une heure de « décharge émotionnelle ». J'avais tenu pour acquis que cela était inclus dans ses honoraires. L'écoute du client a beau être essentielle, j'ai bel et bien dû payer pour ce service.

« Par la suite, j'ai pris garde de discuter de mes émotions avec mon équipe juridique. Mieux vaut réserver ce genre de discussion à un thérapeute spécialisé en divorce. L'équipe juridique était plus apte à se concentrer sur les détails de mon divorce qu'elle pouvait m'aider à influencer – comme la garde des enfants ou les coûts de déménagement. Le fait de déterminer clairement les responsabilités et les domaines d'expertise aide quiconque est aux prises avec un divorce à mieux gérer son bien-être et son budget. Les factures imprévues, après tout, ne font qu'ajouter au stress.

« En prenant cela en compte, pensez soigneusement aux questions que vous devez soulever avec chacun des conseillers de votre équipe de divorce, c'est-à-dire les conseillers juridiques, votre thérapeute, votre accompagnateur personnel et votre conseiller financier (en admettant que vous puissiez vous payer le luxe de l'intervention, lors de la prise de décisions, d'une variété de personnes). Ayant dressé une liste des sujets qui doivent impérativement être abordés, assurez-vous de vous adresser à la personne-ressource appropriée avant de recevoir une facture pour une heure de consultation professionnelle à laquelle vous ne vous attendiez pas. »

— Cathy Greenberg (mère au travail heureuse, divorcée, vivant actuellement une relation à long terme)

Prenez soin de vous sur le plan émotionnel

Lorsque nous sommes aux prises avec un divorce, nos hauts et nos bas émotionnels déteignent sur notre entourage. Ce cycle de douleur peut être accablant. Un bon thérapeute peut vous aider en vous prêtant oreille sans porter de jugement. Cependant, les meilleures réponses restent celles qui vous conviennent, au travail ou à la maison.

L'histoire d'une mère

Il est essentiel, lorsqu'on est en instance de divorce, de prendre soin de soi physiquement et émotionnellement. Je l'ai appris à mes dépens.
— Cathy Greenberg

« Lorsque j'étais en instance de divorce, ma situation de mère au travail ne m'accordait pas le luxe de me cacher chez moi, vêtue d'un pyjama douillet et munie d'une boîte de chocolats, comme je l'avais vu faire dans les feuilletons télévisés de mon enfance. Je devais me lever, travailler, payer mes factures et prendre soin de ma famille.

« Tous les signes extérieurs témoignaient de ma réussite en tant que mère seule au travail. Néanmoins, la tristesse qui me rongeait intérieurement me ravageait physiquement. Il m'arrivait de ne rien éprouver du tout. La vie était ainsi plus facile à supporter. Quoi qu'il en soit, mon corps a été plus perspicace que moi et ce manque d'attention vis-à-vis de mes besoins m'a rattrapée. Mon déni avait fait son chemin jusque dans mes ganglions lymphatiques et mes organes génitaux. Il s'en serait fallu de peu pour que mon système immunitaire soit détruit. Prendre soin de moi en prenant soin de mes affaires professionnelles n'était pas la solution. J'ai failli y laisser la vie, seulement quelques petites années après mon divorce.

« Confrontée à la réalité de mon état de santé, je n'ai pu ignorer mon désir de trouver le véritable bonheur. Il m'apparut évident que celui-ci devait passer en premier plan, faute de quoi ma petite fille se retrouverait seule et je n'aurais plus d'emploi pour me soutenir, moi et ma quête de véritable bonheur. »

L'entraide a un avantage : on peut la prendre ou la laisser. Trouver l'aide adéquate signifie faire face à la réalité de ce que l'on peut faire soi-même en cherchant le soutien dont on a vraiment besoin pour maîtriser sa vie. Pour vous aider à définir ce que le bonheur représente pour vous et prendre en main votre propre succès, appliquez les conseils utiles qui suivent :

- Faites l'analyse d'autres crises que vous avez dû traverser au cours de votre vie. Comment vous en êtes-vous tirée ? Certaines des stratégies utilisées à ce moment-là pourraient vous être utiles maintenant.

- Tâchez de visualiser la vie comme vous souhaitez qu'elle soit après votre divorce. Demandez-vous ce que vous pouvez faire pour accéder à cette vie enrichissante et mettez-vous-y sans tarder. Vous vous sentirez mieux en étant proactive.

- Prenez soin de vous physiquement et émotionnellement afin d'alléger votre stress. Cela veut dire aussi vous consacrer du temps.

- Ne négligez pas non plus la santé physique et émotionnelle de vos enfants. C'est facile d'oublier lorsqu'on est soi-même à bout de nerfs.

Liste de vérification à l'intention des mères au travail en instance de divorce

- Faites-vous un réseau d'aide en vous adressant à vos amis, à vos proches, aux membres de groupes de soutien et du clergé.

- Prenez soin de vous émotionnellement.

- Ne soyez pas une martyre ; consacrez-vous du temps.

- Si c'est possible, faites part à votre patron de votre divorce, car les troubles émotionnels qu'il entraîne peuvent nuire à votre rendement au travail.

- Prenez le temps de vous occuper de vous.

- Ayez une alimentation saine et restez en bonne forme physique : vous vous sentirez mieux.

Source **:** Deborah Moskovitch, auteure du livre *The Smart Divorce: Proven Strategies and Valuable Advice from 100 Top Divorce Lawyers, Financial Advisers, Counselors, and Other Experts* (Chicago Review Press, 2007).

Bilan : exercices à expérimenter

Découverte et célébration des petits miracles et des petites victoires de la vie

Cet exercice vous permettra de comprendre la fonction, la nature et les implications de vos émotions.

1. Commencez par trouver autant de petits miracles que possible. Pour y vous aider, songez à différents points de vue :

   - Physique/physiologique (exemple : votre corps gère votre physiologie. Votre cœur sait qu'il doit battre et vos poumons savent qu'ils doivent respirer, sans que vous ayez à porter attention à ces organes. Le corps humain est ainsi fait d'une multitude de petits miracles ne nécessitant aucune intervention immédiate de votre part.)

   - Cognitif/émotionnel (exemple : les réactions émotionnelles devant la nature – réelle ou en image – éveillent de profonds souvenirs ou sentiments, sans grand effort de notre part.)

- Spirituel (exemple : les sentiments spirituels peuvent émerger d'un nombre infini d'expériences quotidiennes ou hebdomadaires qui nous aident à nous sentir en contact avec nos rôles de mères, de femmes et d'individus, et avec notre humanité.)

- Autre

2. Maintenant, concentrez-vous sur les petites victoires, c'est-à-dire ce que vous avez accompli. Pour vous y aider, songez aux points de vue suivants :

- Votre sens du dessein

- Votre santé

- Vos relations (en commençant par celle que vous avez avec vous-même)

3. Maintenant que vous avez franchi les étapes 1 et 2, répondez aux questions suivantes :

- Que ressentez-vous en ce moment précis ?

- Sur une échelle de 1 à 10, 1 étant le niveau le plus faible et 10 le plus fort, à combien évalueriez-vous votre énergie ?

- Comment définiriez-vous votre sens de bien-être en ce moment précis ?

4. Qu'arriverait-il à votre qualité de vie si vous preniez consciencieusement note de tous les petits miracles et victoires qui se manifestent tous les jours de votre vie ?

Chapitre 8

Synthèse

À aucun moment, nous ne fonctionnons à pleine puissance.
C'est pourquoi nous avons besoin d'avoir un style de vie
bien équilibré et d'être bien entourés pour donner
le meilleur de nous-mêmes.

— Benita Fitzgerald, mère, cadre de direction et athlète olympique

Les mamans qui travaillent ont fréquemment l'impression de mener une double vie – à la maison en tant que mère et conjointe, et au travail en tant que collègue. Souvent, elles se décrivent comme des personnes différentes dans ces deux contextes. Nous nous adaptons toutes à notre rôle du moment, mais n'avons aucune raison de changer nos valeurs entre le travail et la maison. Nous ne devrions pas non plus être obligées d'oublier, aussitôt arrivées au travail, ce que nous avons appris auprès de nos enfants, ou inversement, une fois à la maison, ce que nous avons appris au travail.

Les personnes les plus heureuses sont celles qui se sentent intégrées : leur travail et leur vie personnelle sont deux entités distinctes, mais ont comme dénominateur commun leurs valeurs et leurs priorités.

Quels sont les aspects de vous-mêmes qui vous plaisent ? Oubliez ce que pensent les autres et concentrez-vous sur l'opinion que vous avez de vous-même. Quelles sont vos meilleures qualités ? Quand vous sentez-vous le plus en paix ?

Peu importe combien votre vie est trépidante, il est essentiel que vous répondiez à ces questions qui sont l'essence même de votre bonheur. Votre moi authentique peut être enseveli sous plusieurs couches de responsabilités, mais il importe de le déterrer, car il demeure le noyau central de votre véritable bonheur. Tout le reste ne fait que vous compléter.

Les femmes qui travaillent sont nombreuses à vivre une vie intégrée et, en conséquence, à bien réussir sur le plan personnel et professionnel.

Se focaliser sur une vie authentique

Nous travaillons fort et faisons bien notre travail. Nos employeurs nous promeuvent, nous plaçant là où ils ont besoin de nous, mais pas nécessairement là où nous souhaiterions être. Au bout d'années de carrière ou d'emploi, il peut arriver de se retrouver bien loin de ce que l'on aime ou aimait faire. Élever un enfant nous aide à nous focaliser sur qui nous sommes, en nous obligeant à réfléchir sur nos valeurs afin de donner le meilleur de nous-mêmes à nos enfants.

En vivant conformément à nos valeurs, nous devenons des exemples de comportement que la plupart d'entre nous souhaitent voir leurs enfants adopter. Cherchez un emploi qui vous permette de vivre authentiquement. Cela ne veut pas forcément dire que vous devez en changer, mais peut-être simplement apporter quelques ajustements à celui que vous occupez actuellement. Faites confiance à votre intuition et voyez le monde comme un endroit aux possibilités illimitées. Vous avez plus d'influence sur votre vie que vous ne le pensez. Vous pouvez devenir plus souple et plus capable de prospérer dans un monde imprévisible et en constante évolution lorsque vous prenez le temps d'utiliser votre cerveau entier.

Lorsque nous utilisons, comme nous l'avons vu plus tôt, les fonctions de notre cerveau entier, nos décisions naissent dans les régions plus développées de celui-ci. Autrement dit, nos compétences en matière de prise de décision s'améliorent, du fait que celle-ci se fait, non plus au niveau du cerveau reptilien (ou cerveau de survie), mais au niveau du cerveau « exécutif » (plus sociable). En définitive, à force de nous entraîner à utiliser nos fonctions cérébrales de haut niveau, nous encourageons une prise de décision plus intégrée, ce qui peut agir sur notre capacité d'influencer notre vie. En vous servant de votre cerveau entier pour réfléchir aux nombreux moyens d'influencer votre vie, vous encouragez une façon d'être intégrée. Résultat: votre sentiment de réalisation s'en trouve accru, et vous êtes en définitive plus heureuse.

Apprenez à vous connaître

La médaillée d'or olympique Benita Fitzgerald Mosley embrasse les possibilités de la vie sur tous les plans – en qualité de mère, de fille, d'épouse, d'athlète, de femme de carrière et de membre de la collectivité – et elle s'épanouit. Au début de ce livre, nous avons vu le récit de ses expériences auxquelles elle doit la personne qu'elle est et ce qu'elle fait, aussi bien au travail et à la maison qu'au sein de sa collectivité.

« À l'âge de 12 ans, j'ai commencé à faire de la course; je jouais aussi de la flûte. Enfant, je manquais d'estime de moi, dit-elle. Ce n'est que lorsque je suis devenue meilleure en classe et sur la piste que j'ai commencé à me sentir mignonne. Quand, en sixième et en septième année, je gagnais aux courses, j'étais fière de moi. Cela m'a aidée à surmonter mes faiblesses et à tirer profit de mes forces et de mes talents. »

« Je pense qu'il est crucial de passer du temps en famille et de participer à la collectivité pour vivre une vie bien équilibrée », ajoute-t-elle. À aucun moment, nous ne fonctionnons à pleine puissance. C'est pourquoi nous avons besoin d'avoir un style de vie bien équilibré et de nous entourer de gens (mentors, professeurs et membres de la famille) afin de donner le meilleur de nous-mêmes.

Comme Mme Mosley, vous pouvez cultiver votre propre équilibre en embrassant tout ce qu'il est possible d'embrasser dans votre vie.

Pour ce faire, vous devez commencer par comprendre que le choix d'être heureuse, comme celui de travailler, vous appartient.

Souvenez-vous d'un moment de votre vie où vous étiez véritablement vous-même, avant d'être ensevelie sous des couches de responsabilités et de distractions extérieures, et où vous étiez appréciée pour la personne que vous êtes. Pensez à un moment précis où vous viviez entièrement au moment présent avec le sentiment d'être forte et valorisée. Que faisiez-vous alors ? Comment le faisiez-vous ? Comment vous sentiez-vous ? Maintenant, demandez-vous ce que cela vous dit sur la personne que vous êtes. Prenez quelques minutes pour savourer ces pensées et sentiments, puis demandez-vous ce qu'il faudrait faire pour vous sentir à nouveau ainsi. Ouvrez votre pensée et votre esprit, et embrassez les possibilités.

Véritablement heureuse

Les mères au travail et auteures Cathy Greenberg et Barrett Avigdor se rappellent l'une et l'autre un moment de leur vie où elles avaient le sentiment d'être véritablement fidèles à qui elles sont. Elles nous font part de ce que ce moment et ces sentiments révèlent à leur sujet :

Cathy : J'avais 18 ans. Vêtue de shorts kaki, j'observais un groupe de singes dans les Bermudes. J'étais très douée en observation du comportement animal. Je reconnaissais des modèles, relevais les modifications au sein du groupe et pouvais prévoir certains comportements. C'était mon fort, et j'adorais ça.

Je continue d'aimer observer le comportement des gens et tirer des conclusions susceptibles de les aider à développer leur efficacité et leur capacité d'être heureux.

Barrett : J'avais 19 ans. C'était dans le cadre d'un emploi d'été comme interprète dans un centre de réfugiés à Fort McCoy, dans le Wisconsin. J'ai passé de longues journées exaltantes à aider des réfugiés cubains à retrouver leur famille aux États-Unis. Je me sentais utile et importante.

J'adore mettre mes compétences uniques au service des autres. J'aime me rendre utile, particulièrement auprès de personnes qui veulent mon aide et en ont vraiment besoin.

Éviter les détours

Vivre selon nos valeurs n'est pas toujours facile. La quête d'argent, de pouvoir et de statut peut nous dissuader et nous faire dérailler de notre périple. La plupart d'entre nous ne trouvent pas le bonheur dans l'argent, le pouvoir ou le statut. Certes, ces éléments contribuent à notre image de personne prospère, mais ils apportent rarement le bonheur. En prenant conscience de soi, en formulant clairement ses valeurs et puis en alignant son temps et son énergie sur ces dernières, on s'assure une confiance en soi et une spontanéité donnant lieu à une confiance en soi accrue et au bonheur durable.

Conseil en matière de bonheur: le chemin suivi n'est pas forcément le chemin prévu, mais les détours en valent la chandelle, car on apprend plus de ses échecs que de ses succès.

Il arrive que nous barrions la route à notre propre bonheur. Nous faisons face également à des obstacles internes et externes, ces voix négatives qui nous font douter de nous-mêmes, nous ralentissant dans notre course. En voici des exemples:

- Je ne serais pas à la hauteur de ce rôle.
- Je suis trop âgée pour acquérir une nouvelle compétence.

- J'adorerais faire cela, mais je n'en ai pas le temps.
- Si je ne m'occupe pas des choses de la maison, personne ne le fera.

Pause d'autoaccompagnement : mordre à l'hameçon

Nous sommes fortes, et nous pouvons surmonter le négatif grâce à notre côté positif et à notre reconnaissance pour tout ce que nous possédons. Ces qualités constituent le fondement de notre bonheur. Au lieu de choisir d'écouter les voix négatives, nous pouvons apprendre à nous guider nous-mêmes vers une mentalité d'abondance. En tant que mères au travail, nous pouvons accomplir avec succès ce qui nous apporte de la joie, aussi bien à la maison avec nos enfants et nos proches, que dans le cadre de notre carrière.

Si vous voulez changer la bande sonore de voix négatives qui joue sans cesse dans votre tête, vous serez peut-être obligée d'en modifier le texte. Cela vous paraîtra peut-être étrange, mais au fil du temps, ces voix positives deviendront aussi inhérentes à votre personne que l'auront été les voix négatives. Voici quelques idées de textes. N'hésitez pas à créer les vôtres :

- J'en suis capable.
- Demander de l'aide est un signe d'intelligence et non pas de faiblesse.
- Dans l'état actuel des choses, il n'y a pas de quoi fouetter un chat.
- Je suis fidèle à mes valeurs.
- Mon intuition est une force qui m'aide à prendre de bonnes décisions.
- J'écouterai ce qu'on me dit, mais je prendrai ma propre décision.
- J'ai un bon jugement.

Conseils de quelques mères au travail aux autres

Dans le cadre d'un groupe de discussion de femmes au travail ayant eu lieu dans une grande banque régionale sur la côte Atlantique, certaines participantes ont offert les conseils suivants à d'autres mères au travail :

- « Vous n'êtes pas Superwoman, et si vous ne pouvez pas tout faire, ne vous en faites pas. »
- « Faites ce que vous aimez faire, pas ce que l'on attend de vous. »
- « Vous n'êtes pas tenue de justifier vos décisions. »
- « Restez positive, soyez organisée, comprenez les besoins et responsabilités de votre emploi, et apprenez à concilier celui-ci et la famille. »
- « Prévoyez tout, mais admettez l'imprévu. »
- « Vous pouvez tout avoir, seulement peut-être pas tout le temps. »
- « Un bon équilibre est crucial, tout comme l'amour de ce que vous faites. »
- « Ne vous attendez pas à tout faire à la perfection. Ce dont vous êtes capable suffit. »
- « On peut être heureuse sur les deux plans – professionnel et familial. Ce choix vous appartient. »
- « Faites un peu de lessive tous les soirs ; vous y gagnerez un peu de liberté la fin de semaine. »
- « Soyez bonne envers vous-même. »
- « "Compromis" est le terme par excellence à retenir. »
- « Accordez la priorité à votre famille, mais pas au point de nuire à votre travail. »

« La clé du bien-être psychologique réside dans la capacité d'une personne de reconnaître ce qui alimente ses réflexes d'insécurité (soucis, doutes, craintes et pensées négatives) et de savoir comment se défaire de ces habitudes », affirme Joseph J. Luciani (Ph.D.) de Cresskill, dans le New Jersey, auteur de la série à succès *Self-Coaching*. Ce psychologue clinicien préconise l'autoaccompagnement pour s'aider soi-même. « À mon avis, la pensée et les affirmations positives ne représentent que

50 pour cent de l'équation. Les autres 50 %, c'est le fait de croire profondément en ce que l'on se dit. Le facteur décisif, c'est la capacité d'embrasser et de vivre ce que vous vous dites, faute de quoi, rien ne changera[1]. »

Tirez parti de vos compétences en leadership

« Toute expérience où vous devez donner des directives en vue d'obtenir des résultats – que ce soit à titre de cheftaine de guides ou de PDG – est une forme de leadership », dit Jill Smart, mère au travail de deux jeunes de 16 et 11 ans, et chef des ressources humaines d'Accenture.

Les mères que nous avons interviewées ont affirmé, presque à l'unanimité, que le maternage est une formation en leadership qui nous rend meilleures sur le plan professionnel, et que notre travail fait de nous de meilleures mères. L'intégration de ces deux aspects dans notre vie nous rend meilleures dans tout ce que nous faisons.

Le travail et le foyer en tandem

Il n'est pas question de choisir entre la maternité et le travail. « L'un enrichit l'autre », affirme l'auteure Jamie Woolf. Celle-ci affirme avoir perçu, quand elle est devenue maman il y a 14 ans, le chevauchement qui existe entre les compétences d'une bonne mère et celles d'un bon chef. « Notre objectif de parents est de saisir le plein potentiel de nos enfants, tout comme au travail, nous devons saisir le plein potentiel de nos employés. »

Le fait d'être mère a fait de moi un meilleur être humain.

— Pam, accompagnatrice de gestionnaires, mère d'une enfant (à besoins particuliers) et belle-mère de deux autres

« L'apprentissage des qualités essentielles à un bon chef m'a aidée à être une meilleure mère », dit Nancy Laben, conseillère générale adjointe d'Accenture. « Une bonne mère, c'est quelqu'un qui prépare ses enfants à faire mieux qu'elle dans la vie – sur le plan des réalisations et de la charité envers autrui. Elle leur apprend à être autonomes, bons et les meilleures personnes possible, et aussi à être heureux. »

« Une bonne mère sait qu'elle n'est pas responsable du bonheur de ses enfants », ajoute-t-elle.

Comme nous l'avons mentionné précédemment, presque toutes les mères que nous avons interviewées ont affirmé que le fait d'être mères les rendait meilleures sur le plan professionnel. Ces mêmes femmes ont dit se servir de certaines compétences et techniques apprises au travail pour s'améliorer sur le plan maternel.

Nous tirons profit de ce chevauchement de compétences, quoi que nous fassions. Mme Smart par exemple affirme que son travail a « complètement et totalement » influencé sa façon d'être parent. « La compétence organisationnelle nécessaire pour réussir chez Accenture m'aide énormément avec mes enfants. Le succès que j'ai atteint à force de travail a été remarqué par ma fille de 16 ans. Celle-ci s'aperçoit que le travail ardu peut compenser pour bien de choses, et que l'on peut surmonter l'échec initial en demandant de l'aide et en travaillant fort [...] Je demande souvent un coup de main au travail, et j'ai appris à mes enfants que ce n'est pas là un signe de faiblesse ou d'échec. Ayant aussi appris en travaillant que le fait de réagir de façon excessive a un effet négatif sur les gens, j'essaie de ne pas réagir de façon excessive à la maison. »

Mme Smart dit avoir subi des transformations sur le plan professionnel également. « J'ai changé de style. J'ai appris à établir des priorités, à discerner ce pour lequel il ne vaut pas la peine de se mettre en boule. J'ai appris à ne pas m'en faire pour des bêtises. J'ai appris à être plus patiente. Je crois aussi que j'ai l'esprit plus ouvert aux idées des autres qu'avant. Au fur et à mesure que mes enfants grandissaient et que j'apprenais d'eux, je devenais plus ouverte. Je pense que je respecte aussi davantage la façon dont les autres mères concilient le travail et la famille. »

« Les mères sont obligées d'apprendre à faire plusieurs choses à la fois, mais c'est un bienfait mitigé », selon Victoria, médecin et mère de trois enfants. « La multiplicité des tâches vous rend certes productive, mais ne vous permet pas de vivre [entièrement] au moment présent. Cependant, la capacité de jongler avec plusieurs choses a l'avantage d'encourager la débrouillardise. »

Inversement, le travail a appris à Victoria à rester calme devant les crises et à fourbir ses compétences de communicatrice – deux attributs qui ont facilité son rôle de mère.

« J'ai beaucoup appris au sujet de mes forces et faiblesses de mère. J'ai appris le courage et l'équilibre. J'ai appris à reconnaître le véritable bonheur. J'ai appris ce qui est essentiel à la réussite d'une relation et compris l'effet de mes actions sur les autres », raconte Babette, mère au travail vivant à Paris, en France.

<u>L'histoire d'une mère</u>

Dee Dee Myers, mère au travail, auteure et ancienne attachée de presse du président Bill Clinton, nous raconte comment la maternité a changé son travail :

« Les changements sont graduels, mais si je repense aux neuf dernières années, j'y ai gagné en concentration et en efficacité. Que faisais-je donc de tout mon temps libre quand je n'avais pas encore d'enfant ?

« Je travaille maintenant depuis chez moi, ce qui, la plupart du temps, constitue un avantage. Je réussis mieux qu'avant à créer des situations gagnant-gagnant. Je ne me rendais pas compte à quel point il est essentiel que tout le monde soit heureux. Je comprends maintenant qu'il importe aux gens d'avoir le sentiment d'avoir été entendus. Je réussis à mieux fixer mes limites.

« Ma vue du monde a aussi quelque peu changé. J'ai toujours pensé qu'il était important que les femmes soient engagées dans tous les aspects de la vie publique. Maintenant, j'en suis convaincue. Je vois le monde comme étant plus dangereux qu'avant. Le fait d'élever des enfants rend plus sensible aux dangers, précis ou abstraits.

« J'ai maintenant une vue élargie de ce que signifie avoir un travail intéressant. J'ai compris à quel point ce qui me touche de près – qu'il s'agisse de bénévolat à l'école ou du fait d'être un parent au foyer – peut être empreint de valeur et de sens.

« Une seule réponse ne peut pas convenir à tout le monde, et j'apprécie maintenant davantage l'importance du choix qu'ont les femmes. Vous devez écouter votre voix intérieure et faire ce qui vous convient. »

D'autres femmes nous font part de leçons qu'elles ont tirées à titre de mères et qui peuvent s'appliquer au travail et au-delà :

- « En tant que mère, on apprend ce qui importe. On apprend à être résiliente. La maternité enseigne le calme. Les enjeux d'une maman ne pouvant pas être plus grands, on apprend à faire face à des situations difficiles. La maternité vous fait voir les choses sous un angle de tranquillité. » — Flavia, mère de deux enfants, Buenos Aires, en Argentine.

- « J'ai appris qu'il est nécessaire d'exposer clairement ses attentes, de faire preuve de patience et d'être sensible aux capacités et aux limitations des autres. La maternité m'a appris que chacun est différent. » — Claire, mère de trois enfants qui vit à Los Angeles, en Californie.

- « Depuis que j'ai une enfant, je suis moins égoïste. On cesse d'être le centre de son propre monde. » — Cynthia, mère d'une enfant, Amsterdam, aux Pays-Bas

Les obstacles au leadership à la maison

L'efficacité professionnelle peut être appliquée à la maison si nous le lui permettons. Cependant, ce ne sont pas toutes les mères qui travaillent qui transfèrent leurs compétences en leadership de travail au maternage.

En effet, bien des mamans, selon l'auteure Jamie Woolf, disent ne pas vouloir penser au leadership quand elles sont chez elles. Lors des recherches qu'elle a effectuées dans le cadre de son livre, Mme Woolf a été très surprise d'apprendre que beaucoup de femmes d'affaires qui ont très bien réussi se sentent incompétentes chez elles. Parce que la maternité est un sujet si chargé émotionnellement et si important, les femmes oublient d'appliquer leurs compétences professionnelles.

La vie a le don de ne pas toujours nous donner ce que nous avons souhaité ou même planifié. « J'ai fait des études d'infirmière, mais je n'étais pas préparée au rôle de maman », affirme Jill, mère de trois enfants et infirmière clinicienne spécialisée. « Il n'est pas facile d'être mère ; or personne ne reçoit cette formation. Je ne fais pas les choses vraiment différemment de ma propre mère, sauf que celle-ci ne travaillait pas lorsque nous étions jeunes. »

Heather, mère au travail de trois enfants, dit ne jamais avoir « imaginé les concessions mutuelles » nécessaires aux mamans qui travaillent. Elle ajoute qu'il n'est pas facile de tout concilier, mais que grâce à l'aide de son mari et de leurs trois enfants, elle a trouvé un bon équilibre.

Style de leadership

En vous voyant comme un chef, vous vous élevez au-dessus du fardeau qui consiste à rechercher la joie et l'importance de la maternité, selon

Mme Woolf. Dans *Mom-in Chief*, l'auteure nous aide à faire le lien entre le leadership au travail et son transfert à la maison, et à exploiter ainsi notre potentiel de parent, naviguant avec grâce parmi les défis du parentage. Voici quelques-unes de ses stratégies de leadership transférables du lieu de travail à la maison :

- Établir des objectifs d'ensemble.
- Découvrir son style personnel de chef de file.
- Gérer les conflits.
- Saisir la culture familiale.
- Diriger malgré les crises.
- Naviguer au gré des crises de croissance de ses adolescents.
- Faire la part des priorités.

Votre style de parentage, c'est votre propre approche de parent et le mode par défaut dans lequel vous retombez en période de crise. C'est aussi la plus grande source de conflit entre les pères et les mères. En étant conscientes de notre style de leadership, nous pouvons être plus efficaces, en particulier en temps de crise, sans trop afficher nos tendances naturelles, d'ajouter Mme Woolf. (Pour en savoir plus sur *Mom-in-Chief* et sur ce que dit son auteure sur les styles parentaux de leadership, consultez son site Web : http://blog.mominchief.com/2009/01/.)

En vous voyant comme un chef, vous vous élevez au-dessus du fardeau qui consiste à rechercher la joie et l'importance de la maternité.

— Jamie Woolf, auteure de *Mom-in-Chief*

L'authenticité

Au travail ou à la maison, vous êtes la même personne. Votre style de leadership, que ce soit à titre de PDG de votre famille ou au travail est fondamentalement le même. Vous serez plus efficace si vous respectez votre propre style. Plus vous serez authentique, plus vous serez active.

Or plus vous êtes active, plus vous serez heureuse, affirme Mme Woolf. Être authentique signifie tirer profit de ses forces et aligner ses priorités sur ses valeurs. Cela ne nous empêche pas de changer et de grandir en tant que chefs de file. Tout le monde – les enfants, comme les employés – réagit favorablement à l'authenticité.

Pour vous donner un exemple, si votre force c'est de foncer, tête la première, dans un seul projet à la fois tandis que la multiplicité des tâches, ce n'est pas pour vous, discutez avec les membres de votre famille de la façon dont chacun peut assumer sa part de responsabilités afin que vous n'ayez pas à tout orchestrer. Si, au travail, vous êtes le genre de chef qui aime donner aux autres la chance de grandir et de prendre de l'essor, faites de même avec vos enfants.

Concentrez-vous sur vos forces

Pour maximiser votre succès et minimiser votre stress, tirez profit de vos forces – ces capacités que vous avez relevées au début du présent livre, lorsque vous avez dû faire le point sur vos qualités.

Soyez la meilleure personne possible

Nous devenons tous des êtres humains plus productifs, plus créatifs et moins stressés si nous réussissons à tirer profit de nos forces la plupart du temps. Marcus Buckingham a publié plusieurs livres (dont *The Truth About You* et *Go, Put Your Strengths to Work*) basés sur son travail à titre de consultant auprès de l'organisme Gallup, visant à déterminer ce qui fait la grandeur des équipes prospères. D'après ses recherches, les meilleures équipes, celles qui surpassent systématiquement la concurrence, ce sont celles dont chacun des membres utilise ses forces la plupart du temps. Les forces, dans ce contexte, ce sont les activités que l'on aime faire et dans lesquelles on excelle. Si vous êtes ferrée dans un domaine, mais que cette activité vous épuise, il n'est plus question de force, mais de faiblesse.

Cela est vrai aussi à la maison.

Suivez l'approche basée sur les forces

Cette approche basée sur les forces est particulièrement précieuse aux mères au travail, car leur temps vaut de l'or. Nous devons avoir le plus d'effet positif possible pendant le laps de temps que nous allouons au travail. Or, la meilleure façon d'arriver à cela, c'est de nous concentrer sur nos forces. Cette approche a aussi l'avantage de réduire le niveau de stress. Soumises à moins de stress au travail, nous sommes en mesure d'être de meilleures mamans à la maison.

Les enfants à qui nous avons parlé sont tout à fait d'accord. Annie, qui a 10 ans, sait reconnaître si sa mère a eu une bonne ou une mauvaise journée au travail. « Quand maman a eu une bonne journée, elle rentre de bonne humeur, me fait un bon dîner et m'aide généralement avec mes devoirs ou joue avec moi. Quand elle a eu une mauvaise journée, j'ai l'impression de l'énerver, quoi que je fasse. »

N'IGNOREZ PAS VOS FAIBLESSES, CONTOURNEZ-LES

Penser que l'on puisse, en s'acharnant suffisamment, transformer une faiblesse en force, ce n'est qu'un mythe, car c'est impossible. Nous sommes nombreuses à chercher la perfection dans tout ce que nous faisons. Nous minimisons nos forces, nous concentrant intensément sur nos faiblesses dans le but d'exceller dans tous les aspects de notre vie. Si, comme M. Buckingham, nous définissons nos faiblesses comme ce qui nous sape notre énergie, il semble clair que plus nous nous acharnons, moins nous avons d'énergie. Lorsque nous sommes épuisées par notre travail, nous ne pouvons donner le meilleur de nous-mêmes ni sur le plan personnel, ni sur le plan professionnel.

Le fait de se concentrer sur ses faiblesses peut aussi générer des difficultés d'ordre physique pouvant se manifester sous forme de problèmes de santé : maux, douleurs, rhumes et gain ou au contraire perte de poids. Il ne s'agit pas d'éviter les faiblesses, mais d'en être consciente et de développer des stratégies permettant de les contourner.

Lorsque vous sentez vos faiblesses vous rattraper, à la maison ou au travail, prenez le temps de réfléchir et de vous ressaisir. Y a-t-il moyen de faire ce qui a besoin d'être fait en vous servant de vos forces ? Dans la négative, pouvez-vous vous associer à une personne susceptible de combler vos faiblesses par ses propres forces ? Cette approche peut même être l'occasion pour vos enfants d'offrir les leurs.

L'histoire d'une mère

J'adore recevoir, mais faire la cuisine pour un grand nombre de personnes me stresse énormément. J'ai trouvé la solution au sein de ma famille.
— Barrett Avigdor

« Pendant des années, je recevais à dîner au moins une fois par semaine, car j'adore les longues conversations animées entre amis. Au bout d'un moment, le travail que représente la création d'un menu, les courses et la cuisine ont commencé à ralentir mes ardeurs.

« Quand mon fils avait 15 ans, il s'est découvert un amour pour la cuisine. Plus le menu est élaboré et plus il y a de convives, plus il est content. Son jeune frère quant à lui aime faire les desserts et aider à servir.

«Maintenant, c'est mon fils aîné qui prépare tous mes dîners sur invitation. Pouvoir faire étalage de ses talents lui plaît beaucoup. Quant à moi, j'adore pouvoir passer du temps avec mes amis et savourer un délicieux repas que je n'ai pas préparé. »

Pour vous aider à saisir vos forces et vos faiblesses, attardez-vous-y pendant quelques minutes et prêtez-vous à l'exercice suivant :

- Rappelez-vous la dernière fois que vous étiez tellement absorbée par quelque chose que vous n'avez pas vu le temps passer. Que faisiez-vous ? Essayez de trouver d'autres situations de ce type. Ce sont là des exemples de vos forces.

- Maintenant, pensez à des activités que vous appréhendez. Vous avez l'impression qu'elles n'en finissent plus. Ce sont là des exemples de vos faiblesses.

- Dressez maintenant une liste de vos forces et de vos faiblesses. Chaque semaine, essayez de travailler quelques minutes de plus sur vos forces et quelques minutes de moins sur vos faiblesses.

Votre motivation et vos succès

Ayant bien saisi vos forces, vous pouvez apprendre à reconnaître ce qui vous motive et à mettre ces forces au service de vos objectifs. La motivation, c'est ce qui mène à votre succès. Les sources de motivation sont variées : le succès, la puissance ou le contrôle, l'accès à d'autres personnes ou le gain de certaines affiliations, l'harmonie et le sens d'appartenance. Ayant bien compris ce qui vous motive, vous serez plus en mesure de bâtir à partir de la personne que vous êtes déjà. Il existe des tas de livres et de sites Web où vous trouverez des outils d'évaluation de ce type, pour la plupart gratuits. Nous en avons indiqué plusieurs dans la section des ressources additionnelles à la fin de ce livre.

Ayant bien cerné vos forces et vos sources de motivation, vous pouvez exposer votre moi le plus positif. C'est la partie de vous qui plaît le plus à votre entourage, celle qui donne le meilleur d'elle-même au travail et la maison. Votre moi authentique est votre meilleur moi. Laissez votre moi authentique s'exprimer tous les jours – au travail comme à la maison.

Bilan : exercices à expérimenter

JOURNAL D'ADAPTABILITÉ

Augmentez vos facultés d'adaptation sur le plan personnel et professionnel.

Faites-en l'inventaire quotidiennement pendant une semaine complète et inscrivez vos réponses en les classant sous les catégories travail et maison. En vous servant de ce tableau, dressez un inventaire pour chaque jour de la semaine en commençant par dimanche, jusqu'à ce que vous ayez en main une semaine entière de tableaux à revoir. (Figure 8.1)

FIGURE 8.1 Exercice d'adaptabilité

Événement	**Jour**	**Maison**	**Travail**
Situation			
Réaction			
Aurait mieux fonctionné			
La prochaine fois			
Notes			

- Répondez honnêtement – et non pas comme vous aimeriez pouvoir répondre.
  - Première ligne : de quelle situation imprévue s'agissait-il ?
  - Deuxième ligne : comment y avez-vous réagi ?

- Troisième ligne : comment auriez-vous pu réagir plus efficacement ?
- Quatrième ligne : quelles mesures pourriez-vous prendre pour y être mieux préparée la prochaine fois ?

- Dressez la liste des imprévus de votre journée à la maison. Exemples :
  - Votre enfant a de la fièvre.
  - Votre gardienne est malade.
  - Votre réveille-matin n'a pas fonctionné.
  - Vous avez eu une crevaison ou quelque autre ennui de voiture.

- Indiquez vos réactions à ces situations.
  - Comment auriez-vous pu mieux gérer ce problème ou de quoi êtes-vous particulièrement fière à la relecture de votre réponse ?
  - La prochaine fois, que ferez-vous ?

- Dressez la liste des imprévus de votre journée au travail. Exemples :
  - Des rendez-vous improvisés.
  - Attribution d'un projet urgent.
  - Un client en colère.
  - Un déjeuner sauté.

- Indiquez vos réactions à ces situations.
  - Comment auriez-vous pu mieux gérer ce problème ou de quoi êtes-vous particulièrement fière à la relecture de votre réponse ?
  - La prochaine fois, que ferez-vous ?

Application de vos forces afin de vous adapter

- Passez votre semaine en revue – cherchez les tendances au travail et à la maison.

- De quelles réactions êtes-vous particulièrement fière ?
  - Comment votre réaction a-t-elle amélioré l'aboutissement ou la situation ?
  - Comment bâtirez-vous sur cette réaction à l'avenir ?

- Avez-vous éprouvé de la difficulté à trouver des moyens de mieux réagir une fois la situation réglée ? (N'est-ce pas curieux comme il devient plus facile de résoudre les problèmes, une fois le moment passé ?)

Chapitre 9

Et elle vécut heureuse pour le restant de ses jours – votre histoire

On ne trouve pas le bonheur, on le communique.
— Joseph J. Luciani, Ph.D., psychologue clinicien et auteur de la série d'autoaccompagnement à succès *Self-Coaching*

Si nous poursuivons nos rêves et nos objectifs, vivons conformément à nos valeurs et nous aimons pour les personnes que nous sommes, tout le monde y gagne. Nos enfants et nos familles y gagnent parce que nous sommes plus heureuses et moins stressées ; nos collègues et les entreprises pour lesquelles nous travaillons y gagnent parce que nous sommes plus productives et plus créatives. Lorsque vous êtes heureuse, vous êtes la meilleure version de vous-même. Le bonheur est en quelque sorte la marée montante de votre vie.

Nous espérons vous avoir aidée au cours de ce livre à comprendre que le bonheur peut être votre réalité. Lorsque vous voyez et appréciez l'abondance et les joies de la vie, vous en ressentez les bienfaits sur le plan familial, professionnel et relationnel. Le bonheur est à votre portée. À vous de faire les efforts pour le trouver, jour après jour.

Véritablement heureuse – L'histoire d'un fils

Doug Barry a publié son premier livre, Wisdom for a Young CEO, à l'âge de 15 ans. Sa mère est chef de services financiers.

Doug Barry raconte une histoire révélatrice de la façon dont sa mère qui travaille a tenu le cap, conciliant le travail et la famille de façon satisfaisante pour elle comme pour ses enfants.

« À l'échéance du contrat de location de son premier véhicule de luxe, une BMW 1986 couleur de hamburger grillé qu'elle adorait, ma mère m'a pris par la main, m'entraînant sur les marches du perron afin de regarder un des premiers signes extérieurs de son succès professionnel faire marche arrière et s'éloigner.

« Dis-lui *au revoir*, Dougie, m'a-t-elle dit. Je n'ai jamais pensé que nous disions adieu à autre chose qu'un vieil objet qui avait fait son temps. Cependant, chaque fois que ma mère racontait cet événement, j'avais peine à croire qu'elle puisse y mettre autant de sentimentalité.

« En rétrospective, il paraît évident qu'elle commençait à percer les nuages de la direction des affaires et que, parvenue à ce tournant, elle repensait aux années de travail ardu qui avaient ouvert ces portes plus lucratives.

« Un soir, il n'y a pas longtemps, alors qu'elle avait raconté au dîner, les yeux embués de larmes, l'histoire de notre adieu à la vieille berline, je lui ai demandé pourquoi elle se souvenait de cette voiture avec autant de tendresse. Elle m'a répondu sans hésiter, comme si pendant toutes ces années elle m'avait raconté une fable, dans l'espoir de susciter cette question.

« ¨Il importe, m'a-t-elle dit, ayant réalisé ses objectifs et atteint une étape, de se rappeler comment on en est arrivé là. Cette voiture m'a menée vers une nouvelle phase de ma carrière, en plus d'être la toute première dans laquelle je t'ai transporté.¨

«Lorsque prit fin l'ère de la fameuse BMW, ma mère avait atteint un équilibre entre sa vie personnelle et professionnelle que j'ai toujours souhaité atteindre moi-même. Elle était toujours là pour nous les jours de neige et écourtait ses heures de travail hebdomadaire pour rester au fait de l'évolution de nos travaux scolaires. Elle prenait toujours son travail très au sérieux, mais quand elle avait terminé, elle ne s'occupait que de nous. Bien qu'aimant les avantages d'une carrière solide, ma mère n'a jamais été pressée de troquer les habits usagés de son ancien poste contre d'autres plus élégants et à la mode, sans se regarder une dernière fois dans la glace pour analyser sa trajectoire et la détermination nécessaire à sa progression.»

Le bonheur est un choix

Les obstacles sont inévitables sur la route du bonheur. Il arrive que notre attention parte à la dérive, nous laissant plus soucieuses de réagir aux difficultés que de les aborder de façon proactive afin d'y trouver des solutions. Nous permettons à la crainte de nous retenir et de bloquer notre capacité innée d'engager nos facteurs de bonheur.

Parfois aussi la société nous compartimente, nous châtiant parce que nous travaillons au lieu de rester à la maison avec nos enfants, et nous accusant de leur causer du tort. Pourtant, de nombreuses mères au travail – et leurs enfants – vous ont raconté leur histoire de bonheur. Il s'agit de mères au travail heureuses qui ont appris à reconnaître leurs forces, à embrasser leurs joies, et qui ont réussi. Leurs enfants aussi s'en portent bien. La clé consiste à trouver ce qui vous rend heureuse – peu importe si c'est travailler ou rester à la maison – et à agir en conséquence. Les femmes dont il a été question sont heureuses au travail; elles sont heureuses à la maison, et cela réussit également à leurs enfants et à leurs familles. Leur vie n'est certes pas parfaite. Elles vivent des déceptions et des échecs comme tout le monde. Ce qui fait la différence entre ces femmes et leurs homologues malheureuses, c'est qu'elles choisissent de se concentrer sur les côtés positifs de leur vie. Elles n'ignorent pas pour autant les choses négatives, mais elles les changent si elles le peuvent et, si cela n'est pas possible, elles dédramatisent.

Rien n'est bien ou mal à 100 pour cent. Ne recherchez pas la perfection. Tant que vous faites de votre mieux, vous vous débrouillez vraisemblablement bien.

— Susan, pharmacienne et mère de deux enfants maintenant adultes

Vivre dans deux mondes

Toutes petites, nous rêvons déjà de la vie que nous aimerions mener, des endroits que nous aimerions visiter, de ce que nous aimerions faire et des moyens d'arriver à nos fins. Nous rêvons de carrière, de famille, d'éducation et de statut. Certaines d'entre nous rêvent de contribuer de façon significative au monde, d'aider les autres et même de changer le monde. Ces rêves font partie des personnes que nous sommes. En tant que mères, nos rêves et nos aspirations se retrouvent souvent ensevelis sous les responsabilités et les épreuves, submergés par les contraintes et les besoins des autres. Or chacune de nous a le choix de faire revivre toutes les possibilités. Commencez par le bonheur.

Votre vie actuelle est peut-être exactement telle que vous l'avez imaginée dans vos rêves d'enfant, ou au contraire, pas du tout. Dans un cas comme dans l'autre, le bonheur est à la portée de chacune de nous, à condition d'apprendre à nous aimer nous-mêmes, à apprécier la beauté de la vie qui nous entoure et à utiliser nos forces pour laisser notre marque sur cette terre.

Les mères qui travaillent vivent dans deux sphères distinctes qui cependant s'alimentent l'une l'autre. En effet, si vous adoptez la mentalité d'abondance, vous verrez que ce que vous apprenez au travail fait de vous une meilleure mère, de la même façon que ce que vous apprenez en tant que mère vous sert sur le plan professionnel. Les mères au travail qui sont tenaces, compétentes et qui ont des qualités de chefs de file se réalisent pleinement dans ce que l'auteur Gary Hamel, théoricien innovateur et stratège en affaires, appelle la révolution de la nouvelle économie, le milieu de travail en évolution du vingt-et-unième siècle.

Nous sommes des chefs de file ayant reçu leur formation dans les tranchées de la maternité. Quand la situation devient difficile, nous sommes capables de trouver de l'aide, de puiser dans notre force intérieure et de triompher. Nos enfants nous aiment énormément et sont fiers de nous ; nos maris, nos conjoints et nos familles nous adorent et eux aussi sont fiers de nous. Une part de notre bonheur réside dans notre fierté envers nous-mêmes, ce que nous faisons et la façon dont nous nous y prenons.

Surmonter ses craintes

Nous avons abordé le sujet de nos craintes de mères au travail et de la façon dont elles nous paralysent à la maison et au travail, inhibant notre bonheur si nous les laissons faire. Prenez une minute pour déceler certaines peurs qui inhibent votre bonheur. Après tout, rappelez-vous que leur donner un nom constitue un premier pas dans la bonne direction.

- Peur d'avoir suffisamment
- Peur de suffire
- Peur d'apprendre de nouvelles choses
- Peur des examens de rendement
- Peur du succès
- Peur de prendre les choses en main
- Peur d'avoir beaucoup de pouvoir

Un milieu de travail plus favorable à la famille

Nous tous, hommes et femmes, souhaitons élever des enfants heureux, maintenir nos familles unies et vivre une vie enrichissante. Nous avons ici l'occasion de créer des règlements qui permettent aux parents qui travaillent – pères et mères – de concilier carrière et devoirs parentaux. Nous devons appuyer les parents qui choisissent de rester à la maison à temps plein avec leurs enfants – les pères, comme les mères – et faciliter leur réinsertion dans le marché du travail quand et s'ils le souhaitent. En tant que parents, nous ne devrions pas avoir peur de perdre notre emploi ou d'être ridiculisés par nos collègues à cause de notre choix de style de vie.

Le bureau virtuel

Très porté sur la technologie, notre milieu de travail actuel est bien différent de celui de nos parents. Bon nombre d'emplois peuvent être assumés à distance. Or, dans l'environnement économique d'aujourd'hui, les entreprises sont nombreuses à offrir ce choix. Certaines compagnies sont devenues virtuelles, ce qui signifie que votre lieu de travail peut se trouver n'importe où et que le télétravail, au moins occasionnel, est plus la norme que l'exception. De telles options ouvrent de nouvelles portes aux parents désireux de passer davantage de temps auprès de leurs enfants et de leurs familles. Ce mode de travail et de vie présente cependant aussi un inconvénient. En effet, il peut nous priver de notre temps individuel, si nous le lui permettons. Comme en matière d'éducation de nos enfants, il importe de bien délimiter notre temps de travail, notre espace de travail et nos besoins personnels.

L'histoire d'une mère

La coauteure Cathy Greenberg ne connaît que trop bien l'inconvénient d'un mode de travail et de vie, tous les jours, 24 heures sur 24.

« J'ai choisi de gagner ma vie en aidant les autres à éviter les écueils de la filière carrière (un des six pièges du bonheur soulignés dans *What Happy Women Know*, un livre que j'ai écrit en collaboration avec Dan Baker, Rodale Press).

«Mon travail d'accompagnatrice de gestionnaires et de conseillère en développement des qualités de chef auprès de l'entreprise h2c – Happy Companies Health People m'a permis d'aider des hommes et des femmes à trouver le véritable bonheur au travail et à la maison.»

«Le monde industriel n'est plus», affirme Sally Helgesen, conseillère en développement des qualités de chef de file, accompagnatrice et auteure de plusieurs livres dont *Thriving 24/7: Six Strategies for Taming the New World of Work* (Free Press, 2007). «Pourtant, la plupart d'entre nous continuent d'essayer de vivre selon les vieilles règles [...] Nous nous efforçons de travailler davantage, plus vite et plus efficacement, d'avoir la discipline de ne pas perdre de temps et de nous adapter à la multiplicité des tâches afin de pouvoir tout concilier. Cependant, ces efforts héroïques ont souvent pour effet de nous dérober notre spontanéité et notre joie, avec le résultat que même les petits plaisirs qui devraient nous ressourcer nous donnent l'impression d'être les éléments d'une liste interminable de choses à faire qui menace de nous engloutir.»

Ce que veulent les mères qui travaillent

Les mères au travail veulent que leur emploi de maman soit reconnu par le milieu du travail. Certaines entreprises sont déjà sensibilisées aux difficultés auxquelles elles doivent faire face et leurs employeurs ont l'esprit ouvert. Dans d'autres compagnies, les choses se passent moins bien: les employeurs sont moins compréhensifs et si une mère au travail doit s'absenter, le sentiment de culpabilité s'infiltre dans sa relation avec ses pairs.

Regardons d'autres résultats tirés du sondage de Working Mother Media dont nous avons parlé au Chapitre 1[1].

- 75 % des mamans qui travaillent affirment que leur patron se montre *coopératif* vis-à-vis de leurs exigences familiales.
- 69 % d'entre elles avaient réclamé des ajustements concernant leurs conditions de travail.
- 74 % avaient obtenu ce qu'elles avaient demandé (plus de flexibilité en général).

Les rivalités et les rôles

L'histoire récente des mères qui travaillent aux États-Unis est bien compliquée. Grâce au mouvement féministe, les portes de nombreuses professions et d'emplois autrefois réservés aux hommes s'ouvrirent aux femmes dans les années 1970. Retenues par le sentiment de devoir faire un choix entre le mariage et une carrière, les pionnières furent relativement peu nombreuses à intégrer le marché du travail.

Dans les années 1980 cependant, un grand nombre de jeunes femmes, encouragées par l'idée qu'elles pouvaient «tout avoir», démarrèrent des familles tout en poursuivant leur carrière. C'est à ce moment-là que naquit le sexisme: les hommes qui travaillaient étaient considérés comme de bons maris et de bons pères, tandis que les femmes qui faisaient de même étaient vues comme égoïstes. Les articles et les rapports donnaient la fausse impression que les enfants souffraient du fait que leur mère travaillait.

Plutôt que de présenter le fait de rester à la maison ou de travailler comme un choix que chaque femme doit faire en fonction de son bonheur, la société a décidé d'élever la maman au foyer au détriment de celle qui travaille. Cette vue simpliste et catégorique cause du préjudice aux hommes comme aux femmes. La réalité, c'est que pour les hommes comme pour les femmes, l'ambition peut évoluer en fonction des priorités à un stade précis de la vie.

Nous prêchons le bonheur. Ce qui conviendrait le mieux aux parents qui travaillent, c'est que les employeurs donnent à tous leurs employés, hommes et femmes, la flexibilité d'adapter leur carrière à leurs changements de priorités. Les mères qui travaillent sont au premier plan : elles réclament plus de flexibilité et, lorsqu'elles occupent des postes de chefs de file, elles veulent pouvoir créer davantage de flexibilité pour elles-mêmes et pour les autres. Si nous voulons vraiment changer le milieu du travail, les hommes comme les femmes doivent pouvoir profiter d'emplois du temps flexibles, de congés sabbatiques, de vacances et d'autres innovations du milieu de travail convenant à ce vingt-et-unième siècle.

Votre bonheur passé en revue

Au début du présent livre, nous avons cherché à définir le fondement de votre bonheur. Vous deviez vous demander ce que vous devez faire pour être heureuse, qui sont les personnes qui jouent un rôle primordial dans votre bonheur, ce qui vous manque pour être heureuse (personnes ou choses) et pourquoi, et comment y remédier pour atteindre le véritable bonheur.

Il est possible que les réponses que vous avez données à ce moment-là n'aient pas été aussi claires qu'elles le sont maintenant que vous avez bien compris l'importance de croire en vous-même, de vivre conformément à vos valeurs et de reconnaître toute l'abondance dans votre vie.

Voici à nouveau les règles de base de votre bonheur. Répondez encore à ces questions, en mettant l'accent cette fois sur la valeur que vous vous accordez et sur les joies présentes dans votre vie.

- Ai-je les bases nécessaires à mon propre bonheur ?

- Mon entourage seconde-t-il mon bonheur ?
  - Les membres de ma famille et mes relations secondent-ils mon bonheur ?

- Mes collègues de travail secondent-ils mon bonheur ?
- Mes amis secondent-ils mon bonheur ?

- Si la réponse à l'une de ces questions est « non », avez-vous dit à ces personnes ce que vous voulez qu'elles fassent ou au contraire cessent de faire afin d'appuyer votre bonheur ?
  - Dans la négative, pour quelle raison ?
  - Dans l'affirmative, pourquoi n'ont-elles pas obtempéré ?

- De quel autre type d'aide aurais-je besoin pour être heureuse ?
  - S'agit-il de choses, de personnes, de temps, d'énergie, d'argent ou d'autre chose ?
  - Comment me les procurer, si ces éléments ne sont pas déjà en ma possession ?
  - Est-ce que je peux y arriver seule, ou ai-je besoin d'aide ?
  - Cette aide se mesure-t-elle en temps, en énergie ou en argent ?

- Quelle est la prochaine mesure à prendre pour assurer de bonnes bases à mon bonheur ?

Ayant répondu à ces questions, réfléchissez à vos réponses. Lorsque vous les aurez analysées honnêtement et attentivement, le temps sera venu de passer à l'action et de faire les choix nécessaires à votre bonheur.

Liste de vérification en matière de bonheur

Cette liste de vérification peut vous aider à rester sur la voie du bonheur.

- Affirmez vos actions – pensez aux bons côtés des choses.
- Soyez courageuse – mettez votre énergie au bon endroit.
- Adoptez une mentalité d'abondance – il y en a pour tout le monde, même pour vous.
- Aimez votre vie – les moments tristes servent à adoucir les autres.

- Laissez faire et planifiez – parfois, il faut planifier, parfois, il faut laisser faire les choses.
- Trouvez votre propre sagesse – faites confiance à votre propre voix.
- Optez pour le bonheur – faites ce choix au quotidien.

À vous de raconter

Maintenant que vous avez lu l'histoire de toutes ces femmes au travail du monde entier, de tous les âges et de tous les milieux, et vu comment elles ont choisi le bonheur, à vous de jouer. Pensez à la personne unique que vous êtes et racontez votre propre histoire. Le moment est venu de redéfinir ce que vous voulez dans la vie, et pourquoi. Commencez par accepter la personne que vous êtes et cerner vos forces.

Notre mission personnelle d'être heureuses en tant que mères au travail doit forcément passer par le récit de notre histoire. Que nous soyons mariées ou célibataires, employées ou travailleuses autonomes, que nous vivions une vie normale ou que nous soyons accablées de défis ne devrait avoir aucune importance. Notre dessein ne change pas du fait que les circonstances ne sont pas optimales. Nous devons simplement ajuster notre délai d'exécution et notre manière de nous présenter aux personnes susceptibles de nous aider.

Un récit personnel

Le pouvoir du récit réside dans sa capacité de nous ouvrir les yeux sur ce qui est possible. Jim Loehr, fondateur du Human Performance Institute, a aidé des milliers de compétiteurs du monde du sport et des affaires à tirer le meilleur d'eux-mêmes grâce au pouvoir du récit. Il explique son approche en détail dans *Power of Story: Rewrite Your Destiny in Business and in Life* (Free Press, 2007).

Votre histoire est un compte rendu sincère intégrant ordre et intuition, ainsi que l'amour que vous portez à la personne que vous êtes véritablement. C'est le vrai récit de votre passé et de votre vue sur l'avenir. Votre histoire peut vous aider à traverser les moments difficiles de la vie. Il est essentiel d'avoir une voix intérieure qui vous permette de partager votre nouvelle histoire avec vous-même et avec votre entourage. Contrairement aux exercices des chapitres précédents qui mettaient l'accent sur certains aspects précis de votre vie, cette histoire qui parle de vous englobe votre mission au complet. Elle a sur celle-ci une énorme influence, combinant les vérités sur votre vie, votre propre vocabulaire et l'aboutissement qui vous convient. Ne perdez jamais de vue la façon dont vous souhaitez que se termine l'histoire de vous-même.

On connaît depuis longtemps les vertus du récit de notre vie sur notre rendement. Par conséquent, prenez votre courage à deux mains et profitez de l'occasion pour mettre au point l'histoire la plus convaincante possible afin d'engager la personne puissante que vous êtes vraiment en tant que mère au travail. C'est votre chance d'être votre propre accompagnatrice extraordinaire.

La forme que prend votre récit en dit long sur vous. Tout le monde fait face à des échecs dans la vie. Vous pouvez raconter votre histoire en ressassant vos déceptions ou la raconter de façon à vous montrer sous votre meilleur jour, c'est-à-dire comme la personne que vous aimeriez présenter aux autres, autrement dit la version la plus positive de vous-même. Le choix de la perspective vous appartient – tout comme celui de vous engager sur la route du bonheur.

Véritablement heureuse

Genevieve Bos a été élevée par une mère seule, une artiste obligée d'exercer plusieurs emplois de front afin de boucler les fins de mois. C'est ce qui l'a motivée à réussir en tant qu'adulte. Enfant, elle dévorait les petites annonces et disait « Moi, je peux faire ça ».

« Je me voyais ainsi changer le monde [...] J'étais impatiente de grandir », dit-elle.

Et c'est ce qu'elle a fait. Menant sa carrière avec succès, Mme Bos a entre autres été éditrice chez *Business to Business*, le plus important périodique professionnel de Géorgie, où elle a orchestré de nombreux colloques à guichets fermés. Elle a aussi consacré près de deux décennies à la vente internationale de logiciels avant de devenir cofondatrice de la revue *PINK*.

Aujourd'hui, Genevieve Boss est une maman « virtuelle » qui aide bon nombre de femmes en affaires et dans la vie. Sa définition du succès est la suivante :

« Ce que vous voulez, quand vous le voulez, avec qui vous le voulez, et comme vous le voulez.

Résistez à la pression de groupe. Soyez entêtée ; sachez ce que vous voulez et faites ce qu'il faut pour l'obtenir. Cessez de vous culpabiliser ; cela n'est utile à personne. Prenez soin de vous afin de pouvoir prendre soin des autres.

— Britt van den Berg, directrice du recrutement et de l'insertion de talents au niveau mondial de la société Philips

Réfléchissez à la chose suivante. Lorsque vous abordez votre propre histoire, vous concentrez-vous sur le positif ou sur le négatif ? Vous attardez-vous sur vos forces ou sur vos faiblesses ? À vous de choisir, la perspective vous appartient. Nous vous souhaitons d'adopter la joie, de voir tout ce que votre vie a de bon et de parvenir à un récit fidèle et positif de votre vie.

Jim Loehr vous propose de rédiger votre histoire plusieurs fois afin qu'elle soit fidèle à la réalité. Le jeu en vaut la chandelle. Coucher votre histoire sur papier fait toute la différence. Rappelez-vous également que celle-ci changera au fil de votre vie.

Votre histoire

Rédigez votre propre histoire. Pour vous y aider, répondez aux questions suivantes :

- Quelles sont vos forces ?
- Quels sont les traits de votre personnalité qui vous plaisent particulièrement ?
- Quelles valeurs incarnez-vous ?
- Quelles sont les qualités que vous appréciez le plus chez vos enfants ?
- Quelles sont les qualités que vos enfants apprécient le plus chez vous ?
- Qui est la meilleure *vous* ?

Maintenant, décrivez la personne que vous êtes. À titre d'exemple, si vous rencontriez quelqu'un lors d'une réunion entre amis et vouliez que cette personne vous connaisse et vous aime, que lui diriez-vous ? Votre réponse doit être honnête.

Jouissez de la vie – ne vous contentez pas de survivre

Il y a des jours où les exigences inhérentes à notre état de mère au travail sont telles que notre plus grande aspiration, c'est de réussir à survivre. Plus rien ne compte alors que de terminer ce fameux travail ou de passer à travers une phase difficile de nos enfants. Si nous nous accrochons assez longtemps pour réussir à mettre ces choses derrière nous, tout ira mieux.

Nous vous mettons au défi de viser plus haut que la simple survie. Nous vous demandons de vous donner comme objectif de vous développer, et même de prospérer. Ce livre vous en donne les moyens.

Commencez par bien comprendre que votre bonheur n'est pas un luxe, mais une nécessité. Comprenez que la science du bonheur nous montre que c'est nous qui décidons de notre niveau de bonheur par les choix que nous faisons. Rappelez-vous les éléments clés du bonheur d'une mère au travail :

- Une bonne santé physique et mentale
- Une bonne adaptation aux circonstances
- La fierté de sa famille et la capacité d'en tirer de la joie, telle qu'elle est actuellement
- La fierté de son travail sans aucun sentiment de culpabilité, car celui-ci fait partie de soi
- La jeunesse de cœur

Vous savez maintenant que votre bonheur est l'élément déterminant du bonheur de vos enfants et que ces derniers ne souffrent aucunement du fait que vous travaillez, à condition que votre travail vous rende heureuse. Quand la situation devient difficile, demandez de l'aide, car personne ne peut tout faire seul. Aussi, soyez authentique. La seule personne que vous pouvez être avec succès, c'est vous. Or vous serez la meilleure personne que vous puissiez être en étant heureuse.

Conseil en matière de bonheur : vous commencez à être heureuse lorsque vous acceptez le fait qu'on vous aime et qu'on vous apprécie pour la personne que vous êtes, pas pour ce que vous faites.

Bravo ! Ce livre constitue la première étape vers une vie plus heureuse. Tous les jours, optez pour le bonheur.

Notes

Introduction

1. www.bls.gov/cps/wlf-table7-2008.pdf; www.bls.gov/cps/wlf-intro-2008.pdf.
2. BAKER, Dan, Cathy GREENBERG et Collins HEMINGWAY, *What Happy Companies Know* (Prentice Hall, 2006).
3. Community, Families, and Work Program, université de Brandeis et *Catalyst*, http://my.brandeis.edu/news/item?news_item_id=7135.
4. American College of Occupational and Environmental Medicine, RICCI, Judith A., D.Sc., M.Sc.; CHEE Elsbeth, D.Sc.; LORANDEAU Amy L., M.A.; BERGER Jan, M.D.; *Journal of Occupational and Environmental Medicine*, 2006; 49 (1): 1-10; www.acoem.org/news.aspx?id=2530.
5. «The Motherhood Study: Fresh Insights on Mothers' Attitudes and Concerns», FARRELL ERICKSON Martha et Enola G. AIRD, © 2005 Institute for American Values, reproduit avec permission, www.motherhoodproject.org/?cat=23.

Chapitre 1 : Le bonheur n'est pas un luxe, mais une nécessité

1. Sondage de 2007 effectué par Accenture.
2. Sondage effectué par Working Mother Media; www.digitalforum.accenture.com/DigitalForum/Global/ViewByTopic/TechnologyCareers/0710_Working_Mothers_Work.htm.
3. BAKER Dan, Cathy GREENBERG et Collins HEMINGWAY, *What Happy Companies Know* (Prentice Hall, 2006); McCRATY Rollin, Ph.D. et Doc CHILRE, *The Appreciative Heart: The Psychophysiology of Positive Emotions and Optimal Functioning*, Institute of HeartMath (2003).
4. BAKER Dan, Cathy GREENBERG et Collins HEMINGWAY, *What Happy Companies Know* (Prentice Hall, 2006).
5. «After-School Worries: Tough on Parents, Bad for Business», étude du Women's Studies Research Center de l'université Brandeis et de *Catalyst*; http://my.brandeis.edu/news/item?news_item_id=7135.
6. College of Occupational and Environmental Medicine, RICCI Judith A., D.Sc., M.Sc.; CHEE Elsbeth D.Sc.; LORANDEAU Amy L., M.A.; BERGER Jan, M.D.; *Journal of Occupational and Environmental Medicine*, 2006; 49 (1): 1-10; www.acoem.org/news.aspx?id=2530.
7. www.iopener.co.uk/happinessatwork.
8. Communiqué de presse de Hewitt and Associates: www.hewittassociates.com/Intl/NA/en-CA/AboutHewitt/Newsroom/PressReleaseDetail.aspx? cid=4662
9. www.whatisyourhappiness.com.

Chapitre 2 : La science du bonheur

1. GOLDSMITH Marshall, Cathy GREENBERG, Alastair ROBERTSON et Maya HU-CHAN, tiré de *Global Leadership: The Next Generation*, (*Financial Times* de Prentice Hall, 2003).

2. Communiqué de presse: www1.umn.edu/umnnews/Feature_Stories/In_search_of _happiness.html.
3. Communiqué de presse: www1.umn.edu/umnnews/Feature_Stories/In_search_of _happiness.html.
4. Communiqué de presse: http://us.penguingroup.com/static/html/blogs/what-influences-our-happiness-most-sonja-lyubomirsky.
5. «Biobehavioral Responses to Stress in Females: Tend-and-Befriend, Not Fight-or-Flight», TAYLOR Shelley E., Laura COUSINO KLEIN, Brian P. LEWIS, Tara L. GRUENEWALD, Regan A.R. GURUNG et John A. UPDEGRAFF, université de Californie à Los Angeles; *Psychological Review 2000*, vol. 107, n° 3, pp. 411-429, ©The American Psychological Association, Inc.; www.apa.org/journals/rev.html; http://bbh.hhdev.psu.edu/labs/bbhsl/PDF%20files/taylor%20et%20al.%202000.pdf.
6. Communiqué de presse: http://medschool.umaryland.edu/innovations.asp.
7. Communiqué de presse: http://somvweb.som.umaryland.edu/absolutenm/tem plates/?a=630.
8. PubMed.gov, service de la National Library of Medicine et des National Institutes of Health des États-Unis: «Psychosocial variables are associated with atherosclerosis risk factors among women with chest pain: the WISE study», RUTLEDGE T., S.E REIS., M. OLSON, J. OWENS, S.F. KELSEY, C. J. PEPINE, N. REICHEK, W.J. ROGERS, C.N. MERZ, G. SOPKO, C.E. CORNELL, K.A. MATTHEWS (université de Pittsburgh, en Pennsylvanie); *Psychosom Med.* 2001 mars-avril; 63(2):282-8; www.ncbi.nlm.nih.gov/pubmed/11292277.
9. «Emotional Style and Susceptibility to the Common Cold», COHEN Sheldon, Ph.D., William J. DOYLE, Ph.D., Ronald B. TURNER, M.D., Cuney M. ALPER, M.D. et David P. SKONER, M.D.; © 2003 American Psychosomatic Society; respectivement du département de psychologie (S.C.) de l'université Carnegie Mellon, à Pittsburgh; des départements d'oto-rhino-laryngologie (W.J.D. et C.M.A.) et de pédiatrie (D.P.S.) de l'hôpital pour enfants de Pittsburgh et de l'école de médecine de l'université de Pittsburgh, en Pennsylvania; du département de pédiatrie (R.B.T.) de la Medical University of South Carolina, à Charleston, en Caroline du Sud (actuellement au Health Sciences Center de l'université de Virginie, à Charlottesville, en Virginie); *Psychosomatic Medicine* 65:652-657 (2003); www.psycho somaticmedicine.org/cgi/content/ abstract/65/4/652; citation également à http://pmbcii.psy.cmu.edu/cohen/keynotepresentation.pdf.
10. *Monitor on Psychology*, American Psychological Association, «Helping People Flourish Best Boosts Their Mental Health», vol. 36, n° 10, novembre 2005, 64; www.apa.org/monitor/nov05/flourish.html.
11. «Positive Affect, and the Complex Dynamics of Human Flourishing», FREDERICKSON Barbara L. (université du Michigan) et Marcial F. LOSADA (Universidade Católica de Brasília), *American Psychologist*, ©2005
American Psychological Association, 0003-066X/05, vol. 60, n° 7, pp. 678-686; www.unc.edu/peplab/publications/human_flourishing.pdf.

Chapitre 3 : L'ABC du bonheur des mères qui travaillent

1. American Dietetic Association, www.eatright.org/cps/rde/xchg/ada/hs .xsl/home_4485_ENU_HTML.htm.
2. Plus d'informations à www.amenclinics.com/my-brain-health/brainhealth-club/
3. Site Web: www.eatright.org/cps/rde/xchg/ada/hs.xsl/nutrition _19749_ENU_HTML.htm.

Chapitre 4 : À quoi bon se culpabiliser ?

1. Salary.com : www.salary.com/personal/layoutscripts/psnl_articles.asp ?tab=psn&cat=cat011 &ser=ser032&part=par901.
2. Site Web : www.billilee.com/pages/FS1720.tml?page=P1720-16.html.
3. Site Web : www.talentplus.com/talent_plus.php?page_id=1013.
4. Article de site Web : « Men and Women – Differing Drivers in the Development of Senior Executive Talent », HELGESEN Sally et Marta WILLIAMS ; www.sallyhelgesen.com/ criticaleye_review.html.

Chapitre 5 : Quand maman n'est pas heureuse, personne n'est heureux !

1. Dre Jody Heymann, principale auteure de cette étude, fondatrice du projet sur les familles au travail de l'université Harvard et directrice de l'Institut des politiques sociales et de la santé de l'Université McGill ; « The 2007 Work, Family, and Equity Index: How Does the U.S. Measure Up? » (à partir des données mises à jour et élargies de l'étude qu'elle a effectuée pour l'université Harvard en 2004) ; www.mcgill.ca/files/ihsp/WFEI2007.pdf ; www.mcgill.ca/newsroom/news/item/?item_id=23720.
2. 100 Best Companies, *Working Mother Magazine* ; www.workingmother.com/?service =vpage/109

Chapitre 6 : Et qu'en est-il des enfants ?

1. Communiqué de presse : www.psy.utexas.edu/psy/announcements/news2005.html ; « Maternal employment does not harm infants' development, research shows », communiqué de presse du 25 mars 2005 : www.utexas.edu/news/2005/03/ 25/human_ecology.
2. Étude effectuée en 1999 par Elizabeth Harvey, Ph.D., à ce moment-là du département de psychologie de l'université du Connecticut, et maintenant de l'université du Massachusetts à Amherst, www.apa.org/journals/releases/dev352445.pdf ; *Developmental Psychology* de l'American Psychological Association, 1999, vol. 35, n° 2 pp. 445-459.
3. Compilation du centre de recherche à but non lucratif Child Trends ; www.childtrends.org.
4. Child Trends: *Social Science Research*, Washington, D.C. ; www.childtrendsdatabank.org/ mental.cfm.
5. Sondage national Nickelodeon/Talking with Kids 2000-2001portant sur les parents et leurs enfants âgés de 8 à 15 ans ; Talking with Kids est une campagne continue de la Kaiser Family Foundation et de Children Now ; www.talkingwithkids.org/nickelodeon/summary. pdf.
6. « 2004 Report Card on The Ethics of American Youth » ; www.joseph soninstitute.org/ Survey2004.

Chapitre 7 : Quand la situation devient difficile, faites-vous aider

1. Étude menée en 2004 par Leger Marketing pour Wyeth Canada, avec la permission de la Société canadienne pour la santé mentale ; www.cmha.ca/data/1/rec_docs/649_Executive %20Summary%20(ENGLISH)%20Final.pdf.

2. Réimprimé avec la permission de Renee Peterson Trudeau, © 2007, « The Mother's Guide to Self-Renewal: How to Reclaim, Rejuvenate, and Rebalance Your Life », de Renee Peterson Trudeau ; /www.careerstrate gists.net.

Chapitre 8 : Synthèse

1. Site Web du Dr Joseph J. Luciani : www.self-coaching.net/articles/philosophy_article.php?section=3&ID=87.

Chapitre 9 : Et elle vécut heureuse pour le restant de ses jours – votre histoire

1. Sondage mené par Working Mother Media: www.digitalforum.accenture.com/DigitalForum/Global/ViewByTopic/TechnologyCareers/0710_Working_Mothers_Work.htm.

Table des matières